CAROLIN ENGWERT

ABENTEUER GARTEN

MEIN ERSTES JAHR IM SCHREBERGARTEN

KOSMOS

INHALT

JANUAR

GARTENAUFGABEN

- Gartenbücher lesen
- Pläne für die neue Saison schmieden
- Saatgut sortieren und ggf. Bestände auffüllen
- Kübelpflanzen an frostfreien Tagen gießen
- größere Schneeansammlungen auf Frühbeeten oder Laubendach entfernen
- Winterschutz an Rosen etc. kontrollieren
- an frostfreien Tagen Bäume und Sträucher schneiden

Warum ausgerechnet einen Schrebergarten?

Kleingärten haben in Deutschland nicht ohne Grund eine lange Tradition. Anfangs hatten sie vor allem die Aufgabe, zur Ernährung der hungernden Bevölkerung beizutragen. Mittlerweile sind sie Biotope im friedlichen Kampf gegen Insektensterben und Klimawandel.

NEUE GARTEN-GEMEINSCHAFTEN IN DER STADT

Da viele Städte immer weiter nachverdichtet und Flächen versiegelt werden, und Grünflächen immer rarer werden spielen Kleingärten eine wichtige Rolle bei der Verbesserung des städtischen Mikroklimas. Während den Kleingärtnern in den vergangenen Jahrzehnten das Vorurteil anhing, sie wären alle spießige Rentner mit Deutschlandfahnen, akkurater Hecke und kurzem Rasen, werden gerade vor allem junge Leute und Familien mit kleinen Kindern Teil der Gemeinschaft der Gartenfreunde.

Der Traum vom eigenen Stückchen Grün

Als unsere Kinder noch kleiner waren, sprachen sie häufig von einem Haus mit Apfelbaum. Wir erklärten ihnen, dass wir uns das leider nicht leisten können und dass wir auch die Annehmlichkeiten des urbanen Lebens (kurze Arbeitswege, spontane Konzertbesuche und die Eisdiele gegenüber) schätzen. Mit dem Wunsch nach dem Apfelbaum hatten mich die Kinder aber angesteckt. Wir hatten jahrelang nur einen kleinen Balkon, auf dem jeden Frühling ein paar Buschtomaten, Kräuter und bienenfreundliche Blumen Einzug hielten, der aber wenig Platz zum Sitzen bot. Als mir eines Tages ein Bekannter von seinem Schrebergarten erzählte, wurde mir klar, dass das die Lösung für uns sein könnte.

Selbst gärtnern mit Nachbarschaftshilfe

Vielleicht habt Ihr bereits Gartenerfahrung gesammelt, aber sogar als kompletter Anfänger lohnt es sich, es mit einem Schrebergarten zu versuchen! Die Bewegung an der frischen Luft, die beim Gärtnern unvermeidbar ist, wird auf jeden Fall zu Eurem Wohlbefinden beitragen. Ein Samenkorn in die Erde zu stecken und über die Zeit zu beobachten, wie mit etwas Pflege daraus eine (essbare) Pflanze wird, macht riesigen Spaß, und die Laube nach dem eigenen Geschmack zu gestalten und ggf. umzubauen, kann eine sehr erfüllende Aufgabe sein. Weiter seid Ihr in einer Kleingartenanlage nicht auf Euch alleine gestellt und es gibt viele Gelegenheiten, Gleichgesinnte kennenzulernen.

Einen guten Start

Dieses Buch soll Euch einen guten Start ins (erste) Gartenjahr geben – mit blühenden Beeten und einer reichen Ernte mit üppigen Kohlköpfen, knackigen Möhren, sonnenroten Tomaten und aromatischen Kräutern! Es soll Euch ein guter Begleiter auf dem Weg zum Gartenglück sein und Euch das nötige Grundwissen zum ökologischen Gärtnern an die Hand geben.

WIE FINDE ICH EIGENTLICH EINEN SCHREBERGARTEN?

Angebot und Nachfrage variieren innerhalb Deutschlands. Während im Osten und in wenig dicht besiedelten Gegenden oft sogar Gärten leer stehen und sehr günstig abgegeben werden, haben die Vereine in Großstädten häufig lange Wartelisten. Aber nicht verzagen, mit Ausdauer, Freundlichkeit und einer Prise Glück könnt Ihr auch einen Garten finden.

Das Gebiet eingrenzen

In manchen Stadtteilen gibt es nur wenige Kleingartenanlagen. Eine möglichst kurze Entfernung zum Wohnort hat aber viele Vorteile, da Ihr so auch nach der Arbeit noch ein paar entspannte Stunden im Garten verbringen könnt. Steckt also am besten für Euch einen Radius auf dem Stadtplan ab, in dem Ihr suchen möchtet. Guckt nun, wo Schrebergärten vorhanden sind und ob Ihr diese, z. B. mit dem Fahrrad oder öffentlichen Verkehrsmitteln, gut erreichen könnt. Eine Anfahrt von maximal 30 Minuten ist aus meiner Sicht ideal.

Auf die Warteliste(n) setzen lassen

Das sollte man gleich zu Beginn der Suche machen, da Kleingärten oft über Wartelisten vergeben werden. Dazu am besten in der Sprechstunde des jeweiligen Bezirksverbands oder beim Vorstand der Anlage vorbeischauen und dort die entsprechenden Formulare ausfüllen. Überlegt Euch vorab, welche Ablösesumme Ihr maximal zahlen könntet, da Ihr das eventuell angegeben müsst.

Spazieren gehen

Geht am besten am Wochenende durch die Kleingartenanlagen, die für Euch in Frage kommen und seht Euch um. Achtet auf die Aushänge in den Schaukästen, da Ihr dort erfahrt, wann der Vorstand Sprechstunde hat und manchmal auch konkrete Angebote angeschlagen sind. Oft hängen Pächter, die einen Garten abgeben möchten, auch einen Zettel ans Tor oder Ihr kommt mit Gartenbesitzern ins Gespräch und könnt fragen, ob irgendwo ein Garten frei wird. Der große Vorteil dieser Methode: Ihr bekommt schon einen ersten Eindruck von der Anlage und den potenziellen Mitpächtern.

GRÜN FÜR ALLE

Kleingärten sind wichtige grüne Inseln, auch für die umliegenden Wohngebiete.

Eigenes Netzwerk nutzen

Wie bei der Wohnungs- oder Kitasuche kann es helfen, möglichst vielen Menschen von Euren Gartenplänen zu erzählen. Ich kenne einige Leute, die über Freunde von einem freien Garten erfahren haben.

Einen Schrebergarten im Internet finden

Da die Gartenvergabe über die Bezirksverbände erst anläuft, wenn ein Gutachter ein Schätzprotokoll erstellt hat und viele Abschätzer ehrenamtlich arbeiten, brauchen die Gartenvereine mitunter recht lange, bis sie dem alten Pächter neue Interessenten vorschlagen können. Daher suchen abgebende Gartenbesitzer manchmal auf eigene Faust nach einem Nachpächter. Das könnt Ihr Euch zunutze machen. Wir haben unseren Garten am Ende über eine Kleinanzeige gefunden, es gibt aber auch Gruppen in sozialen Netzwerken, in denen Gärten angeboten werden.

Vorstand und Bezirksverband von Euch überzeugen

Wenn Ihr einen Garten gefunden habt und Euch mit dem Vorpächter einig seid, dann habt Ihr, wenn Ihr auf der Warteliste steht, eine ganz gute Chance, den Garten auch zu bekommen. Über den Vorpächter könnt Ihr Kontakt zum Vorstand Eurer zukünftigen Anlage aufnehmen und Euch vorstellen. Seid am besten freundlich und ehrlich, was Eure gärtnerischen Vorkenntnisse und Ideen zur Nutzung betrifft. Besser, die Leute wissen gleich, dass man z. B. kleine Kinder hat (die auch mal spielen), als dass es später für alle kompliziert wird.

Im Garten kann ich, anders als im Büro, wirklich oft wunderbar die Zeit vergessen.

WIE VIEL ZEIT BRAUCHE ICH FÜR EINEN GARTEN?

Wie viel Zeit Ihr für die Gartenarbeit braucht, hängt stark vom eigenen Anspruch ab. Mein Tipp: Macht Euch nicht verrückt, nehmt Euch nicht zu viele Projekte auf einmal vor und versucht Euch durch geschickte Gestaltung, die Auswahl robuster und pflegeleichter Pflanzen sowie etwas Automatisierung die Sache möglichst leicht zu machen. In den einzelnen Kapiteln werde ich jeweils intensiver darauf eingehen, wie Ihr zeitsparend gärtnern könnt.

Gartenarbeit macht Spaß

Je nach Zustand des Gartens wartet wahrscheinlich unterschiedlich viel Arbeit auf Euch. Garten und Laube können sowohl liebevoll angelegt und super gepflegt als auch heruntergekommen und verwildert sein. Ich persönlich empfinde Gartenarbeit nie als anstrengend oder stressig, sondern kann mich super dabei entspannen zu planen, unerwünschte Wildkräuter zu entfernen, Rasen zu mähen oder Tomaten anzubinden. Ich würde Euch empfehlen, von Frühling bis Herbst jeweils mindestens einen Tag pro Woche vor Ort zu verbringen, um zu beobachten, wie sich alles im Laufe der Jahreszeiten verändert, um nach dem Rechten zu sehen, Blumen- und Gemüsebeete anzulegen, die Bewässerung zu kontrollieren und auch das eine oder andere zu ernten.

Gezielt zum Ziel

Mindestens zweimal pro Jahr empfehle ich Euch eine Wochenend-Aktion, um Garten und Laube einerseits frühlingsfit, andererseits winterfest zu machen. Wenn Ihr möchtet, könnt Ihr die nötigen Arbeiten aber auch über einen längeren Zeitraum verteilen und immer einen kleinen Teil abarbeiten.

Gemeinsam sind wir stark

Zusätzlich zum eigenen Garten gibt es in den meisten Kolonien ca. zweimal pro Jahr Einsätze zur Gemeinschaftsarbeit, die eine gute Gelegenheit bieten, sich zu vernetzen. Wie in vielen Gruppen sind es meist die gleichen Leute, die sich engagieren und mithelfen. Die Menschen, die Ihr dort trefft, sind meist auch die Hilfsbereiten, die ggf. mal Euren Garten gießen, wenn Ihr im Urlaub seid, oder Euch bereitwillig eine Motorsäge leihen, weil Ihr selbst keine habt.

Nicht alles auf einmal

Je nach Zustand der Laube kann einiges an Arbeit auf Euch zukommen. Wenn Ihr wenig Zeit habt, könnt Ihr Euch dabei auch helfen lassen oder Umbaumaßnahmen ggf. verschieben. Entspannung ist ebenso wichtig, und niemand erwartet, dass im ersten oder zweiten Jahr alles perfekt ist.

BUNDESKLEINGARTEN-GESETZ EINFACH ERKLÄRT

Wem gehört hier eigentlich was?

Der Grund und Boden gehört der Kommune, dem Land oder auch privaten Investoren. Er wird an den Bund der Gartenfreunde verpachtet, der die Parzellen an die einzelnen Pächter mit Unterpachtverträgen weitergibt. Als Besitzer eines Schrebergartens erwirbt man die Laube und den „Aufwuchs" (Bäume, Stauden, Sträucher etc.), nicht jedoch den Grund und Boden. Bei der Übernahme zahlt man dem Vorbesitzer eine manchmal nicht unerhebliche Ablösesumme und tritt als Pächter in den Kleingartenverein ein. Die zulässigen Maximalkosten werden vorab nach festen Kriterien von einem Gutachter festgesetzt.

Was ist erlaubt und was nicht

Im Gesetz ist sowohl die Parzellengröße (eigentlich max. 400 qm, wobei es auch Ausnahmen gibt) als auch die Bebauung festgelegt. Neue Lauben dürfen seit einigen Jahren eine Größe von 24 qm nicht überschreiten, für ältere Gebäude besteht in einigen Regionen für eine Übergangsfrist noch Bestandsschutz. Das Häuschen im Kleingarten darf einen gewissen Komfort aufweisen, aber nicht zum dauerhaften Wohnen geeignet sein. Im Detail unterscheiden sich die Satzungen der einzelnen Landesverbände zum Teil erheblich. Weiter ist im Gesetz die „Kleingärtnerische Nutzung" (siehe S. 88) geregelt.

Dauer des Pachtvertrages

Schrebergärtenverträge sind unbefristet und können normalerweise nur zum Ende des Pachtjahres im Spätherbst gekündigt werden. Bei besonders groben Pflichtverletzungen wie Verwahrlosung oder bei Nichtzahlung des Pachtzinses kann dem Pächter jedoch eine fristlose Kündigung drohen.

Die Gartenordnung

Neben dem Bundeskleingartengesetz haben die einzelnen Landesverbände eigene Gartenordnungen, in denen viele Details, wie z. B. die zulässige Heckenhöhe, erlaubte und verbotene Pflanzen, die Möglichkeit zum Aufstellen von Pools oder Spielgeräten für Kinder sowie Ruhezeiten über Mittag oder am Wochenende geregelt sind. Da diese Regelungen von Bundesland zu Bundesland unterschiedlich ausfallen können, solltet Ihr Euch das Regelwerk genau ansehen, um später Stress mit Nachbarn oder Vorstand zu vermeiden.

WAS MACHT EINEN GARTEN ZUM KLEINGARTEN?

Das Bundeskleingartengesetz definiert in §1 BKleingG:

1. Ein Kleingarten ist ein Garten, der dem Nutzer (Kleingärtner) zur nichterwerbsmäßigen, gärtnerischen Nutzung, insbesondere zur Gewinnung von Gartenbauerzeugnissen für den Eigenbedarf, und zur Erholung dient (kleingärtnerische Nutzung) und
2. in einer Anlage liegt, in der mehrere Einzelgärten mit gemeinschaftlichen Einrichtungen, beispielsweise Wegen, Spielflächen und Vereinshäusern, zusammengefasst sind (Kleingartenanlage).

Weiter finden sich im BKleingG auch Regelungen zum Vereinsrecht und zum Pachtvertrag, die ergänzend zum Bürgerlichen Gesetzbuch (BGB) gelten.

CHECKLISTE FÜR DEN SCHREBERGARTEN-KAUF

- Erreichbarkeit
- Nachbarn
- vorhandene Infrastruktur
- Laubengröße und Zustand
- gesicherte Kleingartennutzung
- Gesamtkosten
- Umgebung
- Sonneneinstrahlung

CHECKLISTE FÜR DEN SCHREBERGARTEN-KAUF

Die Entscheidung für unseren Garten war vor allem emotional. Apfelbaum gesehen, hin und weg gewesen. Neben dem Apfelbaum hat er tatsächlich viele liebenswerte Elemente, aber auch einige Macken, vor allem was die Laube betrifft. Falls Ihr Eure Gartenwahl etwas rationaler angehen möchtet, kann eine Checkliste helfen, Euch vorab zu überlegen, was Euch wichtig ist.

Wie gut könnt Ihr den Garten erreichen?

Wenn Ihr Gemüse anbauen möchtet, sollte der Garten nicht zu weit vom Wohnort, der Arbeitsstelle und/oder der Schule der Kinder entfernt sein, da Ihr mindestens ein- bis zweimal pro Woche nach dem Rechten sehen solltet. Falls Ihr kein Auto habt, achtet auf eine gute Anbindung mit öffentlichen Verkehrsmitteln oder eine gute Fahrrad-Entfernung. Wenn Ihr mit dem Auto fahren möchtet, solltet Ihr die Parkmöglichkeiten klären.

Wie sind die Nachbarn?

Es lohnt sich durchaus, mal links und rechts der Parzelle „Hallo“ zu sagen und einen Eindruck von den potenziellen Nachbarn zu bekommen, da Ihr mit ihnen später auch regelmäßig Kontakt habt. Der Besuch einer Vorstandssprechstunde oder eines Sommerfests kann sich lohnen, um rauszufinden, wie die Kolonie so „tickt“. Jede Kleingartenanlage hat ihre Eigenheiten.

Welche Infrastruktur ist vorhanden?

Was man zum Gärtnern braucht, ist individuell verschieden. Macht Euch klar, was Ihr braucht, da das Nachrüsten von Infrastruktur wie Strom oder Wasser aufwändig und teuer werden kann.

– Gibt es Wasser? Stadtwasseranschluss, Brunnenwasser oder zumindest die Möglichkeit, Regenwasser zu sammeln.

– Gibt es Strom? Braucht Ihr zwar nicht zwingend, kann aber praktisch sein, wenn Ihr einen Kühlschrank oder elektrische Gartengeräte nutzen möchtet.

– Gibt es eine Abwassergrube mit gültiger Dichtigkeitsprüfung? Wir haben keine Grube, was mich nicht stört – dadurch gibt es aber auch kein Spül-WC und keine vollwertige Dusche.

– Gibt es eine Toilette? In welcher Form auch immer – wir haben eine sehr praktische Komposttoilette.

Ist die Laube über 24 qm groß und wenn ja, was bedeutet das?

Viele ältere Häuschen sind deutlich größer als die 24 qm, die das Gesetz vorsieht. Je nach Stadt, Verband und geltendem Bestandsschutz kann das im schlimmsten Fall bedeuten, dass Ihr mit der Übernahme die zu große Laube abreißen oder partiell zurückbauen müsst. Da das sehr teuer werden kann, solltet Ihr Euch dazu erkundigen und den Bestandsschutz ggf. schriftlich fixieren lassen (bei der Gartenübernahme).

In welchem Zustand ist das Gebäude?

Den Zustand der Laube könnt Ihr durch eine aufmerksame und gründliche Besichtigung überprüfen. Werft dazu am besten auch

1

2

1. Die Bepflanzung könnt Ihr stückweise Euren Wünschen anpassen.

2. Auch die Laube könnt Ihr nach Eurem Geschmack umgestalten.

einen Blick auf die Dachfläche und schaut Euch die Übergänge zum Boden genau an. Wenn dort Löcher oder Risse erkennbar sind, solltet Ihr diesen auf jeden Fall nachgehen.
– Ist die Laube feucht und wenn ja, warum? Meist erkennt Ihr Feuchtigkeit schnell am muffigen Geruch sowie an Flecken an Decke oder Wänden. Schaut auch, ob die Tür gut aufgeht oder klemmt.
– Lässt sich die Laube beheizen? Selbst wenn Ihr nicht den kompletten Winter über im Garten seid, kann eine kleine Heizung in der Übergangszeit sehr praktisch sein.
– Gibt es Ungeziefer? Manchmal entdeckt man Mäuse oder Krabbeltiere erst später, aber eine breite Ameisenstraße quer durch den Raum oder Mäusekot in den Ecken sollte Euch stutzig machen.

Ist das Gebiet längerfristig für Kleingartennutzung gesichert?

Gerade in Ballungszentren wie Hamburg, München oder Berlin sind Freiflächen umkämpft und einige Kleingärten werden langfristig zu Gunsten von Infrastruktur- und Wohnbebauung umgewandelt. In Berlin könnt Ihr dem Kleingartenentwicklungsplan entnehmen, wie sicher oder unsicher das Weiterbestehen der Anlagen für die nächsten Jahre ist. Macht Euch dazu am besten vorher schlau.

Muss man noch ganz viel ändern?

Zum Gärtnern im Schrebergarten gehört auch das Verändern und Anpassen an die eigenen Wünsche und Bedürfnisse. Zwar könnt Ihr nachträglich noch alles umgestalten, seid Euch nur der damit verbundenen Arbeit und Kosten bewusst. Einfacher ist es natürlich, wenn Euch die grobe Struktur des Gartens bereits gefällt.

Wie hoch sind die Gesamtkosten?

Erkundigt Euch, was an Kosten auf Euch zukommt. Da gibt es einerseits die Ablösesumme für Laube und Pflanzen und andererseits die laufenden Kosten wie die jährliche Pacht, der Vereinsbeitrag und Nebenkosten wie Wasser, Strom oder Müllabfuhr.

Wie ist die Umgebung?

Sind große Straßen, Bahngleise oder Strommasten in der Nähe und werdet Ihr durch diese irgendwie beeinträchtigt? Wenn Ihr es zeitlich einrichten könnt, dann fahrt am besten auch mal abends vorbei.

Wie ist die Sonneneinstrahlung?

Sonnenstand, Himmelsrichtungen, Licht und Schatten. All das beeinflusst die Aufenthaltsqualität und vor allem auch eure Anbaumöglichkeiten für Obst und Gemüse.

Wo ist das Vereinsheim und wie aktiv wird das genutzt?

Unser Garten liegt vor dem Vereinsheim, in dem bisher relativ wenig Betrieb ist – die Beeinträchtigung hält sich also in Grenzen.

JAHRESBUGDET

Fragt vor Vertragsabschluss nach einer Liste der laufenden Kosten. So fällt es leichter, den Überblick zu behalten.

WAS KOSTET EIGENTLICH EIN SCHREBERGARTEN?

Für viele Menschen ist ein eigenes Haus mit Garten, gerade in Ballungszentren, unerschwinglich. Ein Schrebergarten kann für Städter also eine kostengünstige Alternative sein, um sich den Traum vom eigenen Garten zu erfüllen, da die jährliche Pacht für Grund und Boden gedeckelt ist und maximal viermal so hoch wie für Flächen im erwerbsmäßigen Obst- und Gemüseanbau sein darf.
Die Kosten für einen Garten variieren nach Bundesland und Lage, sowohl bei der Pacht als auch bei der Ablöse. Die Summe, die der Vorpächter für Pflanzen und Laube erhält, hängt zwar ebenso von der Nachfrage und dem Zustand von Garten und Laube ab, glücklicherweise wird aber von einem Wertgutachter eine zulässige Obergrenze ermittelt, die Wucherpreisen Einhalt gebietet.

Anschaffungskosten

Je nach Zustand von Garten und Laube, können für die Ablöse zwischen Null und 20.000 Euro fällig sein. Ich empfehle Euch, grob zu überschlagen, was Ihr investieren könnt. Überlegt auch, was und wie viel Ihr z. B. bei einer Renovierung selber machen könntet und berücksichtigt dies schon bei der Gartensuche.

Gartengeräte

Gartengeräte und Werkzeug können ganz schön ins Geld gehen. Viele Großgeräte, die man nur selten braucht, wie z. B. Motorsägen, müsst Ihr Euch nicht anschaffen, sondern könnt sie bei Bedarf leihen – mit etwas Glück sogar von einem Gartennachbarn.

Pflanzen und alles, was Spaß macht

Das eigentliche Gärtnern könnt Ihr ganz nach Eurem (finanziellen) Geschmack gestalten. Vom veredelten Luxus-Bio-Gemüse und prachtvollen Pfingstrosen bis zum selbst gezogenen Kürbis aus geschenkten oder selbst gesammelten Samen ist alles möglich. Während besondere Stauden oder Blumenzwiebeln sehr teuer sein können, war ich erstaunt, wie vergleichsweise günstig junge Bäume und Sträucher sind.

Reparaturen und Unvorhergesehenes

Mit dem Erwerb einer Gartenlaube wird man auch zum Immobilienbesitzer. Selbst wenn die Laube klein und einfach ist, müssen trotzdem z. B. verrostete Regenrinnen ausgetauscht oder die Fassade gestrichen werden. Plant hier also entsprechend ein kleines Polster ein, damit Ihr im Ernstfall gewappnet seid.

Sind Baumaßnahmen geplant?

In manchen Gartenanlagen ist die Infrastruktur relativ alt und oft müssen im Laufe der Jahre Wasser- oder Stromleitungen auf Kosten der Pächter erneuert werden. Falls dies auch bei Euch der Fall ist, solltet Ihr nachfragen, mit welchen längerfristigen Kosten Ihr hier rechnen müsst.

Wieviel kostet mich der Garten im Monat?

Insgesamt ist ein Schrebergarten für die meisten Menschen durchaus erschwinglich. Unser Garten kostet uns im laufenden Betrieb inklusive Vereinsbeitrag, Wasser, Strom, Müllabfuhr und Laubenversicherung etwa 50 Euro im Monat, die wir für einen grünen Ort zum Entspannen sowie kiloweise leckeres Bio-Obst und -Gemüse gerne investieren. Die Glücksgefühle und die Entspannung sind für mich tatsächlich unbezahlbar kostbar – dafür verzichte ich gerne auf andere Sachen, die ich viel weniger brauche!

DIE BESTEN GARTENGERÄTE

Um dem einen oder anderen von Euch teure Fehlkäufe zu ersparen, kommt hier meine Empfehlung für die sinnvollsten Gartengeräte.

GARTENSCHERE Mit einer sauberen, scharfen und gut in der Hand liegenden Gartenschere kommt man schon ziemlich weit. Ich habe ein Modell für kleine Hände aus der Schweiz, für das es auch Ersatzteile (z. B. Klingen und Federn) gibt.

ASTSCHERE ODER SCHNEIDGIRAFFE Eine starke Astschere ist praktisch, um dickere Äste von Bäumen oder Sträuchern mühelos zu durchtrennen. Eine Schneidgiraffe braucht Ihr nur, wenn Ihr größere Bäume im Garten habt, sie erleichtert Euch den Schnitt durch ihren ausziehbaren Teleskopstiel enorm.

GROSSE SCHAUFEL Am besten wählt Ihr eine mit stabilem Holzstiel und rostfreiem Edelstahlblatt (das würde ich für alle Geräte mit Erdkontakt wie Schaufeln, Rechen etc. empfehlen, da sie einfach viel länger halten), denn es gibt immer was aus-, ein- oder umzugraben. Wenn Ihr möchtet, könnt Ihr Euch zusätzlich einen scharfen Spaten besorgen, die Schaufel hätte für mich jedoch Priorität.

KLEINE HANDSCHAUFEL Man braucht ständig irgendwo kleine Löcher. Für Blumenzwiebeln, Pflänzchen, beim Jäten etc. Mit einer kleinen Schaufel kann man aber auch gut größere Löcher graben, wenn man gerade keine Lust hat, zum Schuppen zu laufen.

GARTENHANDSCHUHE findet man vielleicht uncool, aber sie sparen mühsames Händeschrubben. Unter den Fingernägeln kriegt man Erde nämlich nicht so leicht weg – blöd, wenn man nach dem Gartenrundgang noch ins Büro muss. Seit ich beim Lavendelschneiden mal einen Finger erwischt habe, bin ich auch wegen der Sicherheit Handschuh-Fan. Wichtig ist nur, dass sie gut passen und man nicht in ihnen schwitzt.

LANGSTIELIGER RECHEN Wie schön, wenn man die Wogen im Beet auch wieder glätten kann. Den Rechen nie mit den Zinken nach oben liegen lassen. Wenn man drauf tritt, haut man ihn sich sonst auf die Nase.

HACKE ODER PENDELHACKE Ein oft unterschätztes Gerät, mit dem Ihr schnell und rückenschonend die oberen Erdschichten aufbrechen und gleichzeitig Unkräuter entfernen könnt.

REGENTONNE Mit ihr könnt Ihr Leitungswasser sparen und so die Umwelt und Euren Geldbeutel schonen.

STABILE SCHUBKARRE Je nach Statur und Kraft gibt es sie in unterschiedlichen Größen. Wenn Ihr sie passend wählt, könnt Ihr auch schwere Lasten wie Erde oder Pferdemist ohne Probleme bewegen und schont dabei Euren Rücken. Ich habe eine einfache Schubkarre vom Vorbesitzer übernommen. Wenn ich mir eine neue kaufen müsste, würde ich in ein Modell investieren, das mir auch gefällt, wenn es im Garten steht.

FEDERBESEN Damit fegt sich im Herbst das Laub ganz lässig. Ich liebe auch das Geräusch des Federbesens, da es schön effektiv klingt.

HÄCKSLER Der Gartenhäcksler ist eine großartige Erfindung, da man damit eine grüne Kreislaufwirtschaft starten kann! Wenn man Hecken- und Baumschnitt zerkleinert, kompostiert er viel schneller und kann bald als wertvoller Humus im Garten wieder zum Einsatz kommen.

GARTENAUFGABEN

- erste Pflanzen wie Paprika und Chilis auf der Fensterbank vorziehen
- Dicke Bohnen säen, sobald der Boden aufgetaut ist
- aus Baumschnitt Rankgerüste für Erbsen und Bohnen flechten
- Pflanzplan für Gemüsebeete anlegen
- Pfirsichbäume gegen Kräuselkrankheit behandeln

FEBRUAR

Gartengestaltung – wie es Euch gefällt

Gartengestaltung ist ebenso wie Wohnungseinrichtung eine Frage des individuellen Geschmacks. Dennoch gibt es einige Prinzipien, die immer gelten – egal, ob Ihr es nun lieber skandinavisch-schlicht oder blumig-verspielt mögt.

DAS ERBE ANTRETEN

Wenn man einen Garten übernimmt, „erbt" man erst mal den Stil der Vorbesitzer. Mit etwas Glück hinterlassen sie Euch liebevoll angelegte Staudenbeete, tolle Kletterrosen und einen wunderbaren Apfelbaum – oder aber eine Menge Betonsteine, kitschige Plastikzäune und verrückte Dinge unterhalb der Erde. Ich habe schon von Leuten gehört, die Autoteile oder ganze Fahrräder beim Umgraben des Gemüsebeetes gefunden haben. Nutzt das erste Gartenjahr vor allem auch viel zum Beobachten – selbst wenn es anfangs schwerfällt. Viele spät austreibenden Stauden wie Astern oder Sonnenhut entdeckt man z. B. erst im Sommer, und als Gartenanfänger ist es nicht immer einfach, Pflanzen zu erkennen. Ich habe z. B. im ersten Frühling versehentlich unsere leckeren Brombeeren abgeschnitten, da ich sie für nerviges Gestrüpp hielt.

BESONDERHEITEN IM SCHREBERGARTEN

Bei uns ist der Gemüsegarten kompakt im vorderen Drittel angelegt. Dort ist am meisten Sonne und so ist er auch vom Weg aus sichtbar. Das freut den Vorstand und ermuntert hoffentlich auch andere Gartenfreunde gesundes und wohlschmeckendes Gemüse anzubauen.

ZEIT FÜR EINE BESTANDSAUFNAHME

Ihr werdet eine Weile brauchen, um den Garten in allen Facetten richtig kennenzulernen. Zeichnet Euch, bevor Ihr richtig loslegt, am besten einen maßstabsgerechten Gartenplan, in den Ihr Wege, Laube, Hecken, Beete etc. eintragt. Idealerweise macht Ihr dafür mit den Vorpächtern einen kleinen Gartenrundgang und notiert auch, was an welcher Stelle gepflanzt wurde und in welchen Monaten dort etwas blüht. Meine Geheimwaffe ist ein Fotoalbum mit Gartenfotos aus allen Jahreszeiten. Darin befinden sich sowohl Übersichtsfotos als auch Details der einzelnen Beete. Ich nutze es sehr gerne, wenn ich größere Veränderungen plane, da der Garten im Sommer ganz anders wirkt als im Winter und sich auch die Sonneneinstrahlung durch Belaubung und den jahreszeitlichen Sonnenstand verändert.

1

2

3

1. Im Winter ist die sommerliche Pracht des Gartens oft noch nicht zu erahnen.

2. Mit einer Skizze könnt Ihr aber schon Pläne schmieden.

3. Ein Fotoalbum hilft, sich an alle Jahreszeiten zu erinnern.

WO SOLL ICH MIT DER GESTALTUNG ANFANGEN?

Mit Eurer Gartenskizze als Basis könnt Ihr schon im Winter zuhause erste Pläne schmieden.
Ich habe einige Jahre als Innenarchitektin gearbeitet. Bei der Planung für Kunden ist mir aufgefallen, dass sie häufig viele gute Ideen und Wünsche hatten, die aber oft nicht zusammenpassten. Versucht deshalb für Euren Garten ein übergeordnetes Thema zu finden. Dann könnt Ihr bei einzelnen Projekten oder Pflanzenwünschen immer gucken, ob sie zum großen Ganzen passen. Überlegt Euch dabei nach dem bewährten Prinzip „form follows function“ vor allem auch, was Ihr im Garten eigentlich machen wollt. Möchtet Ihr Euren Kindern einen Raum im Grünen bieten? Wollt Ihr hauptsächlich Eure Ruhe haben und Euch vom stressigen Job erholen? Soll der Garten vor allem pflegeleicht sein (S. 76)? Möchtet Ihr einen Ort haben, um Freunde zu bewirten? Oder habt Ihr Lust, richtig viel Gemüse anzubauen?

Inspirationen sammeln

Sammelt dafür über einen längeren Zeitraum Inspirationen, z. B. in anderen Gärten, in Parks, Zeitschriften, Büchern oder online: Welche Materialien mögt Ihr gerne? Was sind Eure Lieblingspflanzen? Welche Grundstimmung soll im Garten herrschen? So könnt Ihr später unter Berücksichtigung aller Aspekte eine harmonische Gesamtgestaltung schaffen. Vielleicht habt Ihr ja schon Lust, Euch mit verschiedenen Gartenstilen, wie klaren japanischen Gärten mit Blattstauden und Gräsern, mediterranen Gärten mit Lavendel und Terrakotta oder lässigen Cottagegärten mit üppigen Blüten zu beschäftigen. Im Winter gucke ich mir dafür gerne englische Gartensendungen an.

Räume entstehen lassen

Im Schrebergarten ist der Garten selbst oft der eigentliche Aufenthaltsraum, da man bei anhaltend schlechtem Wetter ja meistens gar nicht erst in den Schrebergarten fährt. Es ist deshalb toll, neben dem Gemüsegarten noch weitere Räume zu schaffen. Unser Garten ist z. B. lang und schmal – daher war es mir wichtig, mehrere Querteilungen zu

1

2

3

schaffen, die durch Hecken, Beete und niedrige Zäune abgegrenzt sind. Plant am besten auch unterschiedliche Sitzmöglichkeiten: Wir haben z. B. einen Frühstücksplatz mit Morgensonne, eine überdachte Terrasse als Schutz bei Regenschauern und um die Abendsonne zu genießen sowie ein schattiges Plätzchen für die heiße Mittagszeit mit Blick auf einen Mini-Teich.

Mit den Gegebenheiten arbeiten, nicht dagegen

Jedes Grundstück ist anders, jede Umgebung und jeder Boden bietet unterschiedliche Möglichkeiten. Habt Ihr einen schattigen Waldgarten mit hohen Bäumen und Hanglage? Dann baut ein Baumhaus und pflanzt vielleicht ein Feld mit leckeren Waldheidelbeeren. Oder habt Ihr einen flachen sonnigen Garten mit magerem Sandboden? Dann guckt mal nach tollen Gräsern oder legt eine Magerwiese mit Wildblumen an. Je mehr Ihr bei der Planung auf den Ort eingeht, desto besser gedeihen später die Pflanzen und desto weniger Arbeit habt Ihr.

Soll es einen Kinderbereich geben?

Wenn Ihr Kinder habt, plant ebenso Bereiche ein, in denen sie sich aufhalten und die sie mitgestalten können. Das müssen jetzt nicht der obligatorische Pool und ein Trampolin sein. Vielleicht haben Eure Kids ja auch Lust auf ein Baumhaus, einen Hängesessel im Baum oder eine Werkbank. Ein Kinderbeet mit Erdbeeren oder Lieblingsgemüse kann ebenfalls Spaß machen.

Ein schöner Garten für alle Jahreszeiten

Wenn Ihr den Garten einmal im Jahresverlauf erlebt, werdet Ihr sehen, dass im Winter ganz andere Elemente visuell dominieren. Während im Sommer üppiges Grün und bunte Blüten die Optik bestimmen, sind es im Winter vielleicht Zäune, kleine Mauern, immergrüne Hecken oder Sträucher mit farbiger Rinde und

1. Die Kinder verbringen gerne Zeit im Stelzenhaus.

2. Der Rosenbogen bildet ein grünes Tor zum gemütlichen Sitzplatz auf dem Rasen unterm Apfelbaum.

3. Der Kompostplatz liegt unauffällig am Eingang zum Gemüsegarten.

4. Kleine Staketenzäune aus Kastanienholz sind schnell gebaut und geben Struktur.

4

strukturgebende Gräser. Selbst wenn Ihr im Winter nicht so viel im Schrebergarten seid, könnt Ihr das trotzdem bei der Gestaltung berücksichtigen.

Platz für Nebenflächen und Geräte planen

Denkt daran, auch für Kompost, Regentonne und Rasenmäher ausreichend Platz vorzusehen. In der Wohnung ist es ja auch schöner, wenn Staubsauger und Mülleimer nicht irgendwo im Weg rumstehen.

TIPPS FÜRS ERSTE JAHR

Führt ein Gartenjournal – ein einfacher Kalender oder ein Heft reichen aus. Schreibt Euch dort Beobachtungen, Ideen und Projekte auf. Es ist super spannend, später durch ältere Notizen zu blättern, denn durch eigene Erfahrungen lernt man am besten.

Bevor Ihr große oder ältere Pflanzen entfernt, schlaft erst ein paar Mal drüber. Sie haben viele Jahre gebraucht, um zu wachsen und der Pflanzengeschmack ändert sich mit der Zeit – nicht, dass Euch vorschnelle Entscheidungen aus der Anfangszeit später leidtun.

Wenn schon einige Gemüsebeete vorhanden sind, könnt Ihr Euch dort austoben, den Ziergarten über den Sommer beobachten und ihn im Herbst nach Eurem Geschmack (um)gestalten.

Wenn Ihr noch kein Beet habt, könnt Ihr ein Stück Rasen in ein Gemüsebeet umwandeln. Dazu baut Ihr aus Holz eine ca. 20 cm hohe Umrandung. Legt diese unten mit einer Schicht unbedruckter Pappe aus und füllt den Rest mit guter Pflanzenerde auf.

Falls es Euch doch in den Fingern juckt, dann pflanzt im ersten Sommer z. B. einjährige Sommerblumen wie Cosmea, Löwenmäulchen, Wicken oder Strohblumen – sie wachsen schnell, sehen auch in der Vase toll aus und verschwinden nach einer Saison wieder, um Platz für neue Ideen zu machen.

Schafft Euch irgendwo im Garten eine gemütliche Sitzecke, am besten an einer Stelle, an der Ihr nicht so viel von der wartenden Gartenarbeit seht.

Wenn Ihr die Wegeführung oder Beete verändern möchtet, könnt Ihr Euch mit Schnüren oder Gartenschläuchen die Umrisse markieren. So könnt Ihr Euch die spätere Form vorstellen, bevor Ihr mit der Umsetzung startet.

Falls Ihr größere Projekte wie Strom verlegen oder Umbau der Laube plant, haltet dafür auf jeden Fall Transportwege frei, damit Ihr dabei nicht Euren liebevoll angelegten Garten beschädigt.

WICHTIGE GESTALTUNGSELEMENTE

BLICKACHSEN

Was in Parks und großen englischen Landschaftsgärten funktioniert, klappt auch bei Euch! Macht Euch die Hauptblickachsen bewusst und schafft gegebenenfalls neue. Legt dabei besonderen Wert auf den Blick vom Eingang in den Garten, aus dem Laubenfenster, von der Terrasse oder anderen Sitzplätzen.

WEGE

Wege trennen, verbinden und strukturieren verschiedene Gartenbereiche. Achtet darauf, sie natürlich, aber nicht mit Umwegen anzulegen, da man im Alltag dazu tendiert, den kürzesten Weg zu wählen. Das Material des Belags kann den Stil des Gartens wesentlich prägen. Mir war neben den Kosten wichtig, dass sich das Material an den nackten Füßen gut anfühlt, da wir im Garten oft barfuß unterwegs sind. Wenn Ihr Wege neu anlegt, verseht sie unter dem Belag auf jeden Fall mit einer wasserdurchlässigen Unkrautfolie – so spart Ihr Zeit beim Jäten.

Am meisten Spaß macht die Auswahl der Pflanzen! Bäume, blühende Stauden, romantische Rankpflanzen oder Bodendecker als grüne Teppiche. Man unterscheidet zwischen auffälligen Solitärpflanzen und Pflanzen, die in der Gruppe wirken.

HECKEN ODER ZÄUNE

Mit niedrigen Hecken und Zäunen könnt Ihr verschiedene Bereiche im Garten abtrennen. Ich persönlich mag gerne Staketenzäune, die auch schnell aufgestellt sind sowie kleine Hecken aus Kräutern wie Rosmarin und Salbei. Eine Wildfruchthecke bietet im Sommer Sichtschutz, im Herbst Früchte und im Winter Nahrung und Unterschlupf für Vögel.

FARBEN

Ihr müsst Euren Garten nicht unbedingt in einer Farbe oder streng Ton-in-Ton planen, überlegt Euch aber, wie bei Eurem Kleiderschrank, welche Farben zusammenpassen und welche sich ggf. beißen. Eine einfache Methode ist, sich auf eher kühlere oder wärmere Farben zu beschränken. Auch mit den unterschiedlichen Grüntönen von Bäumen, Stauden und Sträuchern, lassen sich tolle Effekte erzielen.

SONNE

Angenehmes Licht ist wichtig für unser Wohlgefühl. Richtet Sitzplätze und Beete daher nach dem Tagesverlauf der Sonne aus und macht Euch klar, welche Elemente Schatten werfen. Während Ihr im Gemüsegarten Schatten vermeiden solltet, kann der lichte Schatten eines großen Baumes zum Sitzen sehr angenehm sein.

GÄRTNERN FÜR DIE UMWELT UND GEGEN DEN KLIMAWANDEL

Grünflächen verbessern das Stadtklima und sorgen u.a. für Abkühlung. Leider ist in deutschen Großstädten ein überwiegender Teil der Fläche versiegelt, also durch undurchlässige Materialien abgedichtet. Regen kann dort nicht versickern, gelangt direkt in die Kanalisation und bleibt nicht im Boden gespeichert. Asphalt und Steine heizen sich tagsüber auch stark auf, was die nächtliche Abkühlung der Luft erschwert. Deshalb bilden Schrebergärten wichtige Kälteinseln im städtischen Mikroklima und tragen durch den offenen Boden zur Grundwasser-Neubildung bei.

PFLANZT BÄUME

Kleingartenanlagen leisten einen wichtigen Beitrag zu besserer Luft, die in der Stadt stärker mit Schadstoffen und Feinstaub aus Kaminen und Fahrzeugen belastet ist, als auf dem Land. Bäume, Hecken und andere Gartenpflanzen können die Stadtluft wesentlich verbessern, da sie CO_2 und Stickoxide aufnehmen und Feinstaub binden können.

VERZICHTET AUF PESTIZIDE

Da Pestizide, Unkrautvernichter und andere chemische Pflanzenschutzmittel über den Boden und das Grundwasser schnell in den natürlichen Kreislauf gelangen und dabei verschiedenste Organismen schädigen können, möchte ich Euch bitten, sie im Garten nicht einzusetzen.

FÖRDERT DIE ARTENVIELFALT

Obwohl Städte keine ursprünglichen Lebensräume darstellen, lohnt es sich, Gärten, Innenhöfe und Balkone naturnah zu gestalten, da Ihr damit einen Beitrag zur Erhaltung der Artenvielfalt von Pflanzen und Tieren leisten könnt. Verwendet dafür möglichst einheimische Pflanzen, die mit ihren Blüten idealerweise auch als Futterquelle für Bienen und Insekten (S. 58 f.) dienen. Verzichtet insbesondere auch auf gefüllte Blüten, da sie keinen Pollen und Nektar enthalten.

MACHT DIE ERDE FRUCHTBAR

Wer pflanzen will braucht Erde. Wenn Ihr Euren Gartenboden mit Kompost (S. 134 f.) anreichert, leistet Ihr einen wertvollen Beitrag zum Umweltschutz, denn Humus ist ein wertvoller CO_2-Speicher, und Ihr fördert gleichzeitig das Bodenleben.

GÄRTNERT TORFFREI

Verzichtet bei zugekaufter Erde konsequent auf Substrate mit Torfanteil, da dessen Abbau die Zerstörung der Moore zur Folge hat.

Boden – leicht und locker

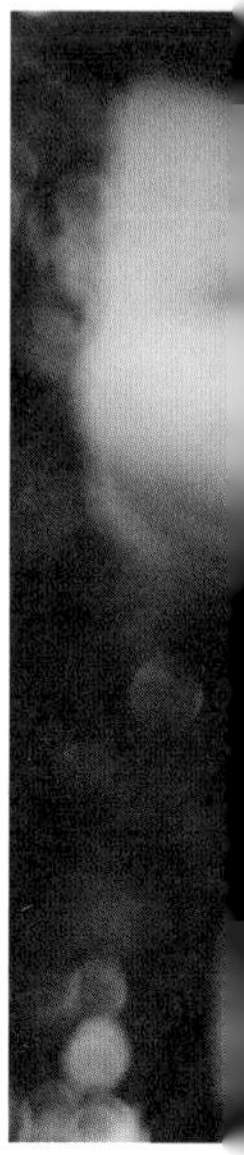

Der passende Boden ist die Grundlage für kräftiges Pflanzenwachstum. Es lohnt sich also, zu Beginn der neuen Saison einiges über Euren Gartenboden herauszufinden.

WAS IST DRIN IM GARTENBODEN?

Schaut Euch Euren Boden genau an. Dazu stecht Ihr am besten mit einem Spaten in die Erde und hebt eine kleine Menge davon heraus. Schaut nun, wie sich der Boden anfühlt und nehmt ein Häufchen davon in die Hand – das kann Euch schon die ersten Hinweise geben.

Bodeneigenschaften, die man sehen kann

Ist der Boden eher kompakt und dunkel, also lehmig, lässt er sich stabil verformen. Heller, eher sandiger Boden rieselt zwischen den Fingern hindurch. Die Konsistenz bestimmt vor allem, wie gut der Boden Wasser speichern kann und ob eventuell sogar die Gefahr von Staunässe besteht.

Bodeneigenschaften, die man nicht sehen kann

Im Boden spielt sich aber noch mehr ab. Leider können wir weder die Aktivität der Mikroorganismen, den pH-Wert, den Nährstoffgehalt noch eventuell vorhandene Schadstoffe, wie z. B. Schwermetalle, sehen. Es ist daher sinnvoll, zum Gartenstart eine Bodenanalyse durchführen zu lassen. Dazu entnehmt Ihr an verschiedenen Stellen im Garten Proben und schickt diese zu einem spezialisierten Labor, von dem Ihr eine detaillierte Auswertung zurückbekommt.

WAS TUN BEI SCHWERMETALL-BELASTUNG?

Wo Schrebergärten auf früheren Industrieflächen errichtet wurden, sind häufig Rückstände in Form von Schwermetallen wie Blei etc. im Boden vorhanden. Aber nicht verzagen, wenn Euer Gartenboden eine gewisse Belastung aufweist. Obstbäume lagern die Schadstoffe nicht so stark ein, und mit Hochbeeten könnt Ihr trotzdem Gemüse anbauen. Achtet dann nur darauf, sie mit zugekaufter Erde zu befüllen und diese nicht versehentlich mit der vorhandenen Gartenerde zu vermischen.

NICHT ALLE WOLLEN DAS GLEICHE

Nicht alle Pflanzen brauchen die gleichen Bedingungen. Während Tomaten und mediterrane Kräuter die Sonne lieben, fühlen sich andere eher im Schatten wohl, und während die einen besser in schweren, nährstoffreichen Böden gedeihen, wachsen andere wie Möhren viel besser in durchlässigen, sandigen Böden. Am einfachsten ist es, wenn Ihr Eure Pflanzen entsprechend den Gegebenheiten auswählt. Für den Gemüseanbau könnt Ihr den Boden so aufbereiten, dass er zu den gewünschten Pflanzen passt (siehe auch S. 24).

Durch Dünger anpassen

Noch nicht vorhandene Bodeneigenschaften lassen sich auch durch passenden Dünger erreichen.

Manche Pflanzen können zur Verbesserung der Bodenstruktur beitragen. Mit Phacelia, aus gutem Grund auch Bienenfreund genannt, summt es mit etwas Glück auch in den Beeten.

Mit Kalk kann man z. B. den Säuregehalt des Bodens ins Basische verschieben.

Schwere Böden verbessern

Die größte Gefahr bei schweren Böden, also bei lehmigen oder tonigen, ist in Kombination mit viel Regen die Staunässe. Wenn das Wasser nicht gut abfließt, faulen Wurzeln und die Pflanzen sterben ab. Achtet ggf. darauf, immer wieder Drainage-Material wie Sand, Tongranulat oder feine Kiesel einzuarbeiten. Im Gegensatz zu leichten Böden – also sandigen – kann sich bei schwerem Lehm das Umgraben im Herbst lohnen.

Leichte Böden verbessern

Unser Gartenboden gleicht von Haus aus einem Sandkasten. Ich versuche deshalb regelmäßig Stoffe zuzugeben, die den Humusgehalt und die Speicherfähigkeit erhöhen. Das sind z. B. Bentonit und Kompost. Die eigentlichen Beete habe ich als Rahmenbeete gestaltet und zu Beginn mit zugekaufter Erde gefüllt. Im Garten habe ich einen Kreislauf eingerichtet, der uns zweimal im Jahr mit reifem Kompost versorgt, den ich immer wieder ausbringe. Um die Bodenlebewesen nicht zu stören, versuche ich unsere Beete möglichst nicht umzugraben.

Bodenpflege für alle

Kompost verbessert alle Gartenböden. Während er bei leichten Böden die Speicherfähigkeit erhöht, macht er schwere durchlässiger. Lasst Beete möglichst nicht offen liegen, sondern deckt sie mit Laub ab oder sät eine Gründüngung ein. Ich schwöre im Garten auf effektive Mikroorganismen, die ein natürliches Gleichgewicht herstellen (siehe auch S. 84). Die Bodenpflege ist keine einmalige Angelegenheit, sondern ein Prozess über viele Jahre. Mit etwas Feingefühl kann man so den Boden Jahr für Jahr etwas verbessern. Und keine Angst: Ihr müsst jetzt nicht den gesamten Gartenboden verändern, sondern vor allem die Teile, in denen Ihr Gemüse anbauen oder anspruchsvollere Stauden oder Blumen pflanzen möchtet.

PH-WERT

Darunter verstehen wir den Säuregehalt des Bodens. Während die meisten Pflanzen leicht alkalischen Boden mit einem pH-Wert über 7 brauchen, gedeihen manche, wie z. B. Heidelbeeren oder Rhododendron, nur in eher saurer Erde. Für Zwischendurch gibt es Boden-Selbsttests zu kaufen.

MIST - WIE WAR DAS NOCHMAL MIT DEM DÜNGER?

ORGANISCHE DÜNGER

Sie bestehen aus natürlichen Materialien wie Pflanzenteilen oder tierischen Ausscheidungen (z. B. Kuhdung oder Pferdemist), aber auch Hornspäne und Schafwolle zählt man dazu. Sie enthalten alle wichtigen Makro- und Mikronährstoffe, die in organischen Verbindungen gebunden sind und dadurch im Beet nur langsam freigesetzt werden. Sie fördern die Vielfalt der Bodenlebewesen, werden nicht so leicht ausgeschwemmt und tragen über den vorhandenen Kohlenstoffanteil zum Humusgehalt bei. Frischen Pferdemist solltet Ihr nicht direkt ausbringen, da er noch zu scharf sein kann, sondern ihn für einige Monate auf dem Kompost ausreifen lassen. Auch Kompost selbst ist für fast alle Pflanzen ein passender Dünger, der den Boden langfristig aufwertet (siehe S. 134).

MINERALDÜNGER

Sie bestehen aus mineralischen Salzen, die chemisch gebunden sind und sich leicht lösen. Gängige Bezeichnungen sind PK-Dünger (Phosphat-Kalium), NP-Dünger (Stickstoff-Phosphat) oder NPK-Dünger (Stickstoff-Phosphat-Kalium). Die Nährstoffe stehen zwar direkt zur Verfügung, jedoch steigt auch die Gefahr der Überdüngung und einer Belastung des Grundwassers durch Auswaschung. Da organische Dünger ausreichend Möglichkeiten bieten, Eure Pflanzen gut zu versorgen, solltet Ihr auf Mineraldünger komplett verzichten.

Es gibt 2 Gruppen von Nährstoffen: Makronährstoffe wie Stickstoff, Kalium, Phosphor, Magnesium, Schwefel, Calcium sowie Mikronährstoffe wie Bor, Chlor, Kupfer, Eisen, Mangan, Molybdän, Nickel und Zink. Mikronährstoffe werden von den Pflanzen nur in kleinen Mengen benötigt, hohe Konzentrationen können zu Schäden führen.

BEDARFSGERECHT DÜNGEN

Beim Gemüse gibt es sogenannte Schwach-, Mittel- und Starkzehrer. Sie benötigen entsprechend viel oder wenig Dünger und sollten nach bzw. vor Pflanzen angebaut werden, die ihnen Dünger liefern bzw. nicht wegnehmen. Beachtet auch die Bodenbeschaffenheit (siehe auch S. 22 f.), da magerer Sandboden natürlich weniger Nährstoffe enthält als ein frisch befülltes Hochbeet.

DÜNGERARTEN

Hornspäne (1), Schafwoll-Pellets (2), Kali (3), Kalk (4), organischer Volldünger (5), Rinderdung-Pellets (6), Urgesteinsmehl (7)

- Ein organischer Volldünger enthält alle Nährstoffe, die Gemüsepflanzen brauchen.
- Urgesteinsmehl aktiviert das Bodenleben im Kompost und Gartenbeet, es mindert zudem die Geruchsbildung bei der Jaucheherstellung.
- Schafwoll-Pellets erhöhen die Fähigkeit des Bodens Wasser zu speichern (siehe auch S. 70).

Beete im Gemüsegarten planen

Gut geplant ist halb geerntet! Schreibt Euch daher am besten zu Beginn der Saison auf, was Ihr alles anbauen möchtet. Später könnt Ihr daraus einen individuellen Pflanzplan entwickeln.

DEN ÜBERBLICK BEHALTEN

Notiert Euch Eure Pflanzpläne am besten in einem Gartenjournal – so könnt Ihr im Folgejahr einfach nachschauen, was Ihr angebaut habt.

ANBAUPLAN ERSTELLEN

Stellt Euch vor der Planung zu den gewünschten Pflanzen folgende Fragen: Sind sie sonnenhungrig oder wachsen sie besser im Schatten? Wie groß werden die Pflanzen? Haben sie genug Platz im Beet und verschatten sie keine anderen Kulturen, sobald sie größer werden? Wie viel Wasser und Nährstoffe braucht die Sorte? Wie lange dauert es, bis geerntet werden kann und lässt sich an der Stelle danach noch Wintergemüse pflanzen?
Am besten malt Ihr Euren Gemüsegarten grob auf und tragt jeweils auf unterschiedlichen Blättern ein, was Ihr im Frühling und im Spätsommer pflanzen möchtet. Wer diese Pflanzpläne aufbewahrt, muss sich die Belegung nicht merken und kann im nächsten Frühjahr einfach nachschauen, was wo angebaut war. Botanische Infos zur Pflanzenfamilie, zum Nährstoffbedarf etc. können anfangs verwirren. Lasst Euch davon nicht verunsichern und auch nicht zu stark einschränken. Wichtig ist letztlich nur, nicht unbedingt „Feinde“ nebeneinander zu pflanzen und nicht über Jahre das Gleiche am gleichen Ort anzubauen. Die wichtigsten Prinzipien findet Ihr nachfolgend erklärt. Wenn in Eurem Schrebergarten schon ein Gemüsegarten angelegt war, lohnt es sich, die Vorbesitzer zu fragen, was sie angebaut haben. Falls Ihr das nicht in Erfahrung bringen könnt, fangt einfach an und entwickelt Euer eigenes System.

SCHWACHZEHRER, STARKZEHRER UND MITTELZEHRER

Da verschiedene Pflanzen einen unterschiedlichen Bedarf an Nährstoffen, Wasser und Licht haben, ist nicht nur eine Mangelversorgung problematisch, sondern auch eine Überversorgung kann zu schlechtem Wachstum und geringem Ertrag führen. Pflegt deshalb die Beete entsprechend des Bedarfs der einzelnen Kulturen und pflanzt diese zusammen.

Tomaten haben einen hohen Nährstoffbedarf und benötigen zur Reifezeit regelmäßige Düngergaben.

STARKZEHRER

- Brokkoli
- Gurken
- Kartoffeln
- Knollensellerie
- Kürbis
- Lauch
- Mais
- Melonen
- Paprika
- Rhabarber
- Rotkohl
- Tomaten
- Weißkohl
- Zucchini

MITTELZEHRER

- Kohlrabi
- Möhren
- Rote Bete
- Zwiebel

Viele Wurzelgemüse zählen zu den Mittelzehrern und müssen nur mäßig gedüngt werden.

Bei Schwachzehrern kann Dünger sogar schaden. Achtet also z. B. bei Spinat drauf, ihn nicht in nährstoffreichen Boden zu pflanzen, da er sonst Nitrat einlagert.

SCHWACHZEHRER

- Bohnen
- Erbsen
- Kräuter
- Radieschen
- Salate
- Spinat

DIE GUTE MISCHUNG MACHT'S

Wie auch wir Menschen, verstehen sich nicht alle Pflanzen gleich gut. Während manche gute Nachbarn sind, die einander helfen und sich begünstigen, machen sich andere gegenseitig das Leben schwer. In den meisten meiner Beete dominiert eine Leitkultur, die entweder am meisten Platz einnimmt oder am längsten auf dem Beet stehen bleibt und möglichst von passenden Begleitern umgeben ist. Überall, wo (temporär) noch Platz ist, pflanze ich Salate, da sie schnell wachsen und oft schon abgeerntet sind, wenn die Leitkultur die entsprechende Größe erreicht hat.

Mischkultur-Prinzipien verstehen

Anfangs kann Mischkultur mit ihren Regeln abschreckend wirken, aber keine Angst, Ihr müsst jetzt nicht 500 langweile Pflanzenkombinationen auswendig lernen. Das Wichtigste kann man sich über Prinzipien herleiten oder im Zweifelsfall in einer Tabelle nachschlagen. Mein Rat: Macht keine Wissenschaft daraus und merkt Euch anfangs erst mal die „schlechten Nachbarn".

Eine Regel basiert darauf, dass der Anbau vieler Pflanzen aus einer Familie Schädlingen einen idealen Lebensraum bietet, während eine gute Durchmischung einen gewissen Schutz darstellen kann. Zusätzlich sind einige Kräuter gute Begleiter für Gemüse. Der Klassiker ist hier die Kombination von Bohnen und Bohnenkraut, das durch seinen Duft die Bohnenpflanzen vor Läusen schützt. Wenn Ihr Kombinationen entdeckt, die bei Euch gut funktionieren, dann bleibt dabei, auch wenn im Lehrbuch vielleicht etwas anderes steht. Seid bei der Planung nicht zu perfektionistisch, ein guter Kompromiss aus allen Faktoren ist definitiv ausreichend.

8 Tipps zur Mischkultur

1. Pflanzt Kartoffeln und Tomaten nie zusammen, da sie beide anfällig für Krautfäule sind.
2. Möhren und Zwiebeln sind ein Dreamteam. Sie halten sich gegenseitig Schädlinge vom Hals und machen sich keine Nährstoffe streitig.
3. Bohnen und Erbsen sind gute Nachbarn für andere Pflanzen, mögen sich gegenseitig aber nicht.
4. Achtet bei der Kombination von Pflanzen auf einen ähnlichen Nährstoff- und Wasserbedarf.
5. Fragt Euch auch, ob sich die Pflanzen unterirdisch oder oberirdisch Konkurrenz machen können und mischt Flachwurzler (wie z. B. Salate) mit Tiefwurzlern (wie z. B. Tomaten).
6. Salat versteht sich mit fast allen Pflanzen und kann gut als Vorkultur, Nachkultur oder überall dazwischen gepflanzt werden.
7. Tagetes, Ringelblume und Kapuzinerkresse sind gute Gemüsebegleiter, da sie viele Schädlinge natürlich abwehren.
8. Pflanzt verschiedene Pflanzen aus einer Familie (z. B. Kreuzblütler) möglichst nicht zusammen.

EINFACH ABSTAND HALTEN

Manchmal reichen 1 bis 2 Reihen Salat als Puffer zwischen schwierigeren Nachbarn.

PFLANZENFAMILIEN

AMARYLLISGEWÄCHSE	Zwiebel, Lauch, Schnittlauch, Knoblauch
BALDRIANGEWÄCHS	Feldsalat
DOLDENBLÜTLER	Möhren, Sellerie, Fenchel, Pastinaken, Petersilie, Dill
KORBBLÜTLER	Artischocken, Schwarzwurzeln, fast alle Salate
KREUZBLÜTLER	Radieschen, Rettich, Kohlrabi, alle Kohlsorten, Meerrettich, Senf
KÜRBISGEWÄCHSE	Gurken, Kürbis, Melonen, Zucchini
NACHTSCHATTENGEWÄCHSE	Tomaten, Paprika, Aubergine, Kartoffeln
SCHMETTERLINGSBLÜTLER	Erbsen, Bohnen

1

2

1. Seid gerade am Anfang nicht zu streng mit Euch selbst. Pflanzen wachsen auch, wenn Ihr nicht immer alles perfekt macht.

2. Der mehrjährige Rhabarber ist für mich im Frühling auch optisch ein Highlight.

FRUCHTFOLGE UND FRUCHTWECHSEL

Wenn man über mehrere Jahre immer eine Pflanzenfamilie an der gleichen Stelle anbaut, wird der Boden einseitig ausgelaugt und die Gefahr eines Befalls mit Krankheiten oder Schädlingen steigt. Daher gilt für die Anbauplanung: Je regelmäßiger die verschiedenen Gemüsearten ihren Platz wechseln, desto besser.

Fruchtfolge

So nennt man das Pflanzen einer zweiten Kultur innerhalb des gleichen Jahres, z. B. in Form von Wintergemüse, das nach der Ernte von Frühkartoffeln ins Beet gesetzt wird. Dadurch lassen sich gute Erträge erzielen ohne den Boden zu stark zu strapazieren. Als Fruchtwechsel bezeichnet man hingegen das Abwechseln verschiedener Kulturen im Laufe aufeinander folgender Jahre.

Dreifelderwirtschaft

Schon die Bauern im Mittelalter pflanzten nach dem Prinzip der Dreifelderwirtschaft, die nichts anderes als ein vorgegebener Fruchtwechsel ist. Um das im Garten umzusetzen, ist es am einfachsten, wenn Ihr Eure Beetfläche in 3 Teile einteilt. Im ersten Jahr pflanzt Ihr auf einem Drittel der Fläche Starkzehrer, auf dem zweiten Mittelzehrer und dem dritten Schwachzehrer. Im Jahr drauf rückt Ihr mit allen Kulturen ein Beet weiter und im dritten Jahr erneut. Im vierten Jahr seid Ihr dann wieder bei der ursprünglichen Aufteilung angekommen. Wenn Ihr genügend Platz im Garten habt, könnt Ihr den Fruchtwechsel sogar auf 4 Felder ausweiten und jeweils ein Viertel brach liegen lassen oder mit einer Gründüngung arbeiten (siehe S. 23). Notiert Euch genau, was Ihr gepflanzt habt, dann ist es im Folgejahr leichter.

TIPP

Ausdauernde Gemüse wie grüner Spargel oder Rhabarber werden einmal gepflanzt und verbleiben dann an einem Ort. Beide Gemüse benötigen im Verlauf wenig Pflege, nur einen lockeren Boden und regelmäßige Düngergaben. Die ersten 2 bis 3 Jahre nach der Pflanzung solltet Ihr den Pflanzen Zeit geben, um anzuwachsen. Danach könnt Ihr jeweils im Frühjahr einzelne Stängel und Triebe nach Bedarf ernten.

PFLEGELEICHTE ANFÄNGERGEMÜSE

RADIESCHEN

Die anspruchslosen, sehr schnell wachsenden Pflanzen können schon früh im Jahr ausgesät werden. Nicht nur die Wurzeln sind essbar, sondern auch die Blätter, die sich für Salate oder ein leckeres Pesto eignen. Neben den roten, runden Radieschen könnt Ihr bunte und längliche Sorten ausprobieren.

MANGOLD

Ihr könnt ihn im Sommer entweder direkt säen oder zuhause einige Wochen vorziehen. Außer einem sonnigen Beet benötigt er nur regelmäßig Wasser und ist sonst sehr anspruchslos.
Ich mag besonders die bunten Sorten mit gelben, orangenen oder roten Stielen, die sogar im Blumenbeet eine super Figur machen. Die Pflanzen sind nicht anfällig für Schädlinge und werden auch von Schnecken gemieden.

BUSCHBOHNEN

Buschbohnen pflanzt man im Frühjahr in kleinen Grüppchen von 3 bis 4 Samen und einem Abstand zu den Nachbarn von ca. 20 cm. Außer gelegentlichem Gießen kann man sie bis zur Ernte sich selbst überlassen. Sobald die ersten Bohnen ausgereift sind, solltet Ihr diese regelmäßig abernten, da die Pflanze dadurch angeregt wird, immer wieder neue Blüten zu bilden.

FRÜHLINGSZWIEBELN

Einmal gesät, wachsen Frühlingszwiebeln immer wieder nach, wenn Ihr nur die röhrenförmigen Blätter erntet. Die oberirdischen Teile frieren bei Frost ab, die Zwiebel treibt aber im Frühjahr bereits wieder aus. Damit gehört sie zum ersten essbaren Grün des Jahres. Die hübschen essbaren Blüten könnt Ihr als Deko für Salate nutzen.

ZUCCHINI

In nährstoffreiche Erde gepflanzt und regelmäßig gegossen, liefert kaum ein Gemüse so üppige Erträge wie die Zucchini. Schützt die Jungpflanzen vor Schnecken, dann werden Euch 2 bis 3 Exemplare ausreichend versorgen. Falls die Menge trotzdem zu viel wird, erntet schon kleine Früchte, die zart sind und sogar roh gegessen werden können. Auch die Blüten sind – in etwas Teig ausgebacken – eine Delikatesse! Generell schmecken kleine Früchte besser als sehr große.

SALAT

Salat gibt es in unzähligen Farben und Formen. Wenn man unterschiedliche Sorten anbaut, kann man rund ums Jahr ernten. Salat wächst sehr schnell und eignet sich im Beet daher auch super als Lückenfüller. Achtet aber auf Schnecken! Wenn man Wurzel und Herz bei der Ernte stehen lässt, wächst Salat immer wieder nach.

ERGÄNZENDE KRÄUTER

Falls Ihr noch keine Erfahrung mit Gemüseanbau habt, startet das erste Gartenjahr am besten mit verschiedenen Kräutern und einigen robusten Gemüsearten, die kaum Ansprüche haben und wenig Pflege brauchen. Sobald Ihr nach der ersten Saison etwas mehr Praxis habt, könnt Ihr das Sortiment erweitern.

Lust auf Laube

Schrebergarten 1 × 1

Als wir unseren Garten übernommen haben, war es schon Anfang Oktober. Nachdem alle Formalitäten geklärt waren, standen wir also zum ersten Mal alleine im Garten – aber war es wirklich schon unser Garten? Im ganzen ersten Jahr hatte ich immer mal wieder das Gefühl, dort nur zu Besuch zu sein, meist dann, wenn ich eine mir bis dahin unbekannte Pflanze entdeckte oder mir wieder eine kuriose genagelte Konstruktion in der Laube auffiel.

IN BESITZ NEHMEN DURCH UMGESTALTUNG

Habt Ihr schon mal eine Wohnung oder ein Haus beim Einzug renoviert? Dann kennt Ihr vielleicht dieses Gefühl, dass man sich anfangs fremd fühlt, sich aber mit jedem Pinselstrich und jeder Veränderung das neue Heim mehr zu eigen macht. Man rückt Möbelstücke und richtet sich ein. Bis man irgendwann denkt: Das ist mein Zuhause, hier habe ich es mir schön gemacht. Da ein Garten ein gewachsenes System ist, kann es dort vielleicht etwas länger dauern, aber die Mühe lohnt sich!

Nehmt Euch Zeit, etwaiges Gerümpel vom Vorpächter wegzufahren. Wir haben in der ersten Fuhre mehrere alte Duschabtrennungen, eingetrocknete Farbeimer und einige marode Möbel entsorgt. Eines Tages kamen wir an und spürten: Das ist jetzt unser Garten. Nach und nach haben wir noch einiges verändert: einen Stromanschluss legen lassen, die Terrasse überdacht, Hochbeete gebaut, Staketenzäune aufgestellt,

Blumenzwiebeln gesteckt, Gemüse angebaut und sogar Bäume gepflanzt.

SCHNELLE LAUBENLIEBE-TIPPS

Egal, in welchem Zustand Eure Laube ist, Ihr könnt es Euch schön machen! In vielen Fällen hilft es, alles gründlich sauber zu machen, vielleicht neue Vorhänge anzubringen, eine schöne Tischdecke zu besorgen, ein paar hübsche Möbel und einen Teil vom Lieblingsgeschirr in den Garten umzusiedeln. Macht Euch am besten gleich zu Beginn eine Ecke richtig gemütlich und schreibt Euch nach und nach auf, was noch zu tun ist.

WIE ES EUCH GEFÄLLT

Viele ältere Lauben haben eigentlich eine gute Bausubstanz, wurden nur schon viele Jahre nicht mehr gestrichen. Unabhängig von vielleicht

notwendigen Reparaturen können daher schon kleine Eingriffe oder ein paar Eimer Farbe Wunder wirken. Mich haben z. B. die blaue Tür und Fensterrahmen unserer Laube lange gestört: neu gestrichen waren sie in weniger als 2 Stunden. Auch den Innenraum könnt Ihr nach Eurem Geschmack gestalten. Ein neuer Bodenbelag kann beispielsweise viel zum Wohlgefühl beitragen. Durch die geringe Grundfläche wäre dieser auch keine allzu große Investition. Die Laube könnt Ihr entweder wie Eure Wohnung im Kleinformat einrichten oder bewusst ganz anders. Ich mag bei uns besonders gerne, dass dort alles anders aussieht als zuhause und wir viele günstige Möbel vom Flohmarkt kombiniert haben.
Wie man sich bettet, so liegt man! Sorgt im Garten daher für eine gemütliche Schlafgelegenheit. Ich finde fast nichts schöner, als im Sommer morgens dort aufzuwachen und mit nackten Füßen durchs feuchte Gras zu spazieren. Wir haben, da unsere Laube besonders klein ist und eigentlich nur aus einem Raum besteht, im Garten eine Klappsofa, auf dem man bei schlechtem Wetter auch gemütlich sitzen kann.

EIN GUTER PLAN

Macht Euch am besten im Laufe der Saison eine Liste mit Dingen, die Euch auffallen, und einen groben Plan, wann Ihr einzelne Projekte umsetzen möchtet. Überlegt dabei, welches Tempo zu Euch passt. Denn die Laube zu renovieren und gleichzeitig den Garten anzulegen, kann ganz schön stressig und zeitaufwändig werden. Einiges sollte allerdings nicht zu lange auf-geschoben werden, da entweder viel davon abhängt oder Veränderungen daran den liebevoll angelegten Garten im Nachhinein stark beeinträchtigen können. Das sind z. B. das Verlegen von Wasser und Abwasser oder die Installation eines Stromanschlusses, da hierfür oft lange und tiefe Schächte ausgehoben werden müssen.

MÄRZ

GARTENAUFGABEN

- Gemüse- und Staudenbeete mit Hornspänen oder reifem Kompost versorgen
- Hochbeete ggf. auffüllen
- Frühbeet oder Vliesabdeckung für Beete vorbereiten
- erste Frühlingsgemüse wie Spinat, Radieschen und Möhren im Freiland aussäen und ggf. abdecken
- weitere Gemüse wie Kohlrabi und Salate zuhause vorziehen
- Saatkartoffeln besorgen und zuhause zum Vorkeimen auslegen
- Regentonne aufstellen
- Stauden und Gräser zurückschneiden
- Herbstlaub und Winterschutz aus Beeten entfernen
- Hecke schneiden
- Rosen schneiden, wenn die Forsythien blühen

Vom Samen zur Pflanze

Das riesige Angebot an Saatgut kann anfangs ganz schön unübersichtlich sein. Früher war die Vielfalt der Sorten auf den Äckern und in den Gärten jedoch noch viel größer und vielseitiger.

SORTEN FÜR DEN GEMÜSEGARTEN

Während für den industriellen Gemüseanbau schnelles Wachstum, optische Makellosigkeit und gute Lagerfähigkeit besonders wichtig sind und daher spezielle Züchtungen und Hochleistungssorten den Markt bestimmen, könnt Ihr im privaten Gemüsegarten besonderen Wert auf Widerstandsfähigkeit und vor allem auf einen tollen Geschmack legen. Im Supermarkt findet Ihr meist nur langweilige Tomaten, im eigenen Garten könnt Ihr verschiedenste Farben und Formen anbauen.

WAS IST SAMENFESTES SAATGUT UND WAS SIND F1-HYBRIDE?

Auf vielen Saatguttütchen findet sich der Zusatz F1. Das bedeutet, dass das Saatgut eine Kreuzung in der ersten Generation ist und die neuen Pflanzen bestimmte Eigenschaften der beiden verschiedenen Elternpflanzen kombinieren. Wenn man von diesen F1-Hybriden wieder Saatgut gewinnt, kann es sein, dass dieses nicht alle Eigenschaften der Mutterpflanzen mitbringt. Daher baue ich bei mir im Garten keine Hybriden, sondern fast ausschließlich Pflanzen aus sogenanntem samenfesten Saatgut an – wenn möglich in Bio-Qualität. Diese lassen sich dann immer wieder weitervermehren.

WELCHES SAATGUT SOLL ICH KAUFEN?

Saatgut gibt es von unterschiedlichen Herstellern, wobei der Saatgutmarkt von einigen großen Konzernen sehr dominiert wird. Ich kaufe gerne Bio-Saatgut von kleinen Produzenten und tausche mittlerweile auch viel mit anderen Gärtnern. Mein Schrebergarten-Starterset habe ich aus samenfesten Lieblingssorten zusammengestellt, mit denen man bunt und vielfältig durch das erste Gartenjahr kommt.

WAS SIND ALTE SORTEN?

Viele Sorten wurden durch die Intensivierung der Landwirtschaft wegen bestimmter Eigenschaften aussortiert und sind heute fast vergessen. Sehr schade, denn viele der alten Sorten sind besonders robust und aromatisch. Bei Verbänden zur Erhaltung alter Sorten wie dem

ORDNUNG HALTEN

Saatguttütchen bewahre ich alphabetisch sortiert in einem alten Karteikasten auf.

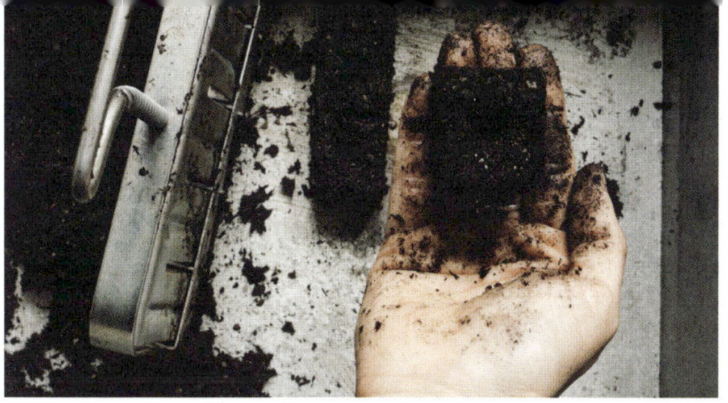

1

2

3

1. Eine Erdballenpresse ist eine Zero-Waste-Alternative zu Pflanztöpfchen aus Kunststoff.

2. LED-Pflanzenlampen gibt es auch mit weißem Lichteindruck, falls Eure Jungpflanzen z. B. im Wohnzimmer stehen.

3. Plastikschalen von gekauftem Obst und Gemüse könnt Ihr sammeln und als Anzuchtschalen nutzen.

VERN kümmern sich Menschen um die Erhaltung der Artenvielfalt und geben dieses Wissen meist auf Veranstaltungen und in Workshops weiter.

GEMÜSE VORZIEHEN UND PROBLEME MEISTERN

Da einige Pflanzen, wie z. B. Tomaten, lange brauchen bis sie Früchte tragen, aber gleichzeitig frostempfindlich sind, kann es sinnvoll sein, sie im zeitigen Frühjahr zuhause vorzuziehen. Ob sich das Vorziehen lohnt oder ob besser direkt ins Freiland gesät wird, ist von Pflanze zu Pflanze verschieden. Wenn Ihr Euch unsicher seid, könnt Ihr auf den Saatguttütchen nachschauen. Dort sind meist Voranzucht, Keimdauer, Keimtemperatur und der ideale Aussaat-Zeitpunkt vermerkt.

Die richtige Erde

Für die Anzucht eignet sich am besten mageres, nährstoffarmes Substrat wie spezielle Anzucht- bzw. Kräutererde oder Quelltöpfe aus Kokos. Alternativ könnt Ihr auch Gartenerde 1 : 1 gemischt mit Kompost verwenden. Die magere Erde regt bei den Keimlingen ein starkes Wurzelwachstum an, durch die sie dann gut in die Saison starten.

Geeignete Anzuchtgefäße

Ihr könnt das Saatgut entweder in Saatschalen oder gebrauchten Gemüsepackungen ausbringen und später vereinzeln, oder gleich gezielt in kleine Einzeltöpfchen aus Kunststoff oder Papier ausäen. Einige Pflanzen danken es Euch, wenn Ihr die Keimlinge nach 2 bis 3 Wochen etwas tiefer einpflanzt. Das könnt Ihr entweder direkt beim Vereinzeln machen oder die Jungpflänzchen umtopfen und tiefer setzen. Falls Ihr von einer Sorte zu viele Keimlinge habt, wählt jeweils die stärksten Pflänzchen aus – sie werden sich auch weiterhin besser entwickeln.

Jungpflanzen pflegen

Für kompakte und starke Pflanzen solltet Ihr die Keimlinge möglichst hell und eher kühl stellen, da die Pflänzchen bei zu wenig Licht und zu viel Wärme sonst lang und dünn werden. Falls Euch nicht genug Tageslicht zur Verfügung steht, könnt Ihr mit LED-Pflanzenlampen nachhelfen. Ich stelle z. B. Tomaten in ein beleuchtetes Pflanzenregal. Um Platzproblemen vorzubeugen, säe ich nicht alles auf einmal aus, sondern beginne mit robusten Salaten, Kohlrabi etc., die ich, sobald die Erde im Garten aufgetaut ist, ins Frühbeet setze. Damit entsteht im März und April in der Wohnung wieder Platz für neue Aussaaten.

Schädlinge an Jungpflanzen

Beim Gärtnern in der Wohnung kann es immer mal Probleme mit Schädlingen geben, deren Eier oder Larven oft schon in der Pflanzerde vorhanden sind. Ich sterilisiere meine Substrate daher vorbeugend in einer ofenfesten Form bei ca. 100 °C für ca. 20 Minuten.

— **Trauermücken:** Falls Ihr an Euren Pflänzchen winzige Fliegen entdeckt, handelt es sich ziemlich sicher um Trauermücken. Sie entwickeln sich häufig in dauerfeuchter Erde und breiten sich schnell auf alle Töpfe aus. Die Fliegen legen ihre Eier in die feuchte Erde, wo kurz darauf die Larven schlüpfen. Diese ernähren sich von den Pflanzenwurzeln und können sie so weit schädigen, dass die Jungpflanzen absterben. Wenn Ihr zusätzlich zum Sterilisieren vorbeugen möchtet, bedeckt die Oberfläche der Pflanztöpfchen mit etwas Sand, da ggf. vorhandene Mücken in ihm keine Eier ablegen können. Achtet auch darauf, dass Ihr Eure Pflanzen nur sparsam gießt, um Staunässe zu vermeiden. Bei beginnendem Befall könnt Ihr versuchen, die Erde einmal komplett austrocknen zu lassen und bereits vorhandene Mücken mit Gelbsteckern zu fangen. Umtopfen in frische Erde kann ebenso helfen. Bei stärkerem Befall oder einer großen Menge an Pflanzen hilft das Gießen mit speziellen Nematoden (Fadenwürmern), die sich von den Trauermückenlarven ernähren. Diese werden in Form eines feinen Pulvers angeboten, das nach genauer Anleitung ins Gießwasser gegeben wird.

— **Blattläuse:** Läuse an Jungpflanzen kommen fast immer von außen und können, da im Zimmer keine natürlichen Feinde vorhanden sind, schnell zu einer Plage werden. Aber keine Panik, man kriegt sie durch einfaches Abspülen unter dem Wasserhahn ganz gut in den Griff. Bei geringem Befall könnt Ihr die Blattläuse mit den Fingern auch vorsichtig zerdrücken.

Wenn Erde schimmelt

Achtet bereits zu Beginn auf Anzeichen von Schimmel, wie weißen Flaum oder muffigen Geruch. Auch Schimmel wird durch Staunässe begünstigt. Versucht also auch deshalb sparsam zu gießen. Taucht er dennoch auf, könnt Ihr einige Tropfen Teebaumöl ins Gießwasser geben oder die befallene Erde dünn mit Aktivkohle bestreuen.

TRAUERMÜCKEN

Auch bei starkem Befall ist eine Behandlung mit Nematoden meist noch erfolgreich.

Für kompakten Wuchs: Tomaten nicht zu früh aussäen

VORANZUCHT SCHRITT FÜR SCHRITT

Aus einem kleinen Samenkorn kann eine riesige Pflanze werden. Durch die eigene Aussaat habt Ihr mehr Kontrolle über den Einsatz von Dünger und Pflanzenschutzmitteln – und könnt auch seltene Sorten anpflanzen.

1.

Saatgut ab 1 mm Größe über Nacht in lauwarmem Wasser einweichen – so keimt es später schneller und zuverlässiger – und ein Aussaatgefäß mit Kräuter- oder Anzuchterde befüllen.

2.

Die eingeweichten Samen nach den Vorgaben auf der Packung aussäen. Beachtet dabei die Saattiefe und ob es sich um Licht- oder Dunkelkeimer handelt. Dunkelkeimer müsst Ihr in doppelter Samenstärke mit Erde bedecken. Lichtkeimer (i.d.R. Pflanzen mit sehr kleinen Samen) werden nur leicht in die Erde gedrückt.

3.

Die Aussaat vorsichtig angießen. Ich benutze eine feine Handbrause, da ich damit das Wasser gut dosieren kann und feine Samen nicht weggespült werden.

4.

Die meisten Gemüse-Saaten benötigen zum Start der Keimung Temperaturen um 20 bis 25 °C. Ideal für die Keimung ist ein Kleinklima mit hoher Luftfeuchtigkeit. Die Aussaat daher am besten mit einem umgestülpten Einmachglas, einer Plastikhaube oder einer Folie abdecken.

5.

Sobald nach den Keimblättern das erste richtige Blattpaar erschienen ist, könnt Ihr die Keimlinge in größere Töpfchen pikieren (vereinzeln und tiefer einpflanzen).

Ein Vlies ist schnell aufgelegt und gerade bei flachen Pflanzen wie Spinat sehr praktisch.

Da ein Folientunnel nicht die nachhaltigste Lösung ist, solltet Ihr ihn möglichst mehrmals verwenden.

ERSTE FREILAND-AUSSAATEN

Im milden Frühjahr, sobald der Boden nicht mehr gefroren ist, können die ersten kältetoleranten Pflanzen wie Spinat, bestimmte Salate, Radieschen, Rettich und Möhren gesät werden. Achtet dabei auf Sorten für die Winteraussaat. Da die Temperaturen vor allem in der Nacht noch sehr stark absinken können, deckt Ihr diese frühen Aussaaten mit einem hellen Vlies ab, das Licht und Niederschläge durchlässt, oder Ihr baut sie in einem Frühbeet oder Folientunnel an. Wenn Ihr ein Vlies benutzt, könnt Ihr es direkt auf das Beet auflegen und am Rand eingraben oder mit Steinen beschweren, damit es vom Wind nicht weggeweht wird.

Wer keimt wann?

Verschiedene Samen benötigen unterschiedliche Bedingungen für die Keimung. Während die meisten mediterranen Gemüsearten wie Tomaten oder Paprika ausgesprochene Warmkeimer sind und Zimmertemperatur für einen guten Start benötigen, sind Möhren, Kohl und einige Salate relativ anspruchslos. Kaltkeimer hingegen, zu denen viele Blumen gehören, brauchen sogar eine Kälteperiode, um ihren natürlichen Keimschutz aufzuheben. Sonst würde die Saat bereits im Herbst keimen und die feinen Pflänzchen würden dann im Winter gleich wieder erfrieren.

Aussaat im Frühbeet

Ich habe für eines meiner Hochbeete einen Frühbeetaufsatz selbst gebaut. Ihr könnt Beete auch mit einer Glasscheibe abdecken oder ein kleines Frühbeet im Baumarkt oder Gartencenter besorgen. Für dieses hebt Ihr einen ca. 40 cm tiefen Bereich aus, den Ihr halbhoch mit Pferdemist füllt. Verfestigt diesen z. B. durch Festtreten und füllt den Rest mit guter Gartenerde auf. Der verrottende Mist dient den Pflanzen später als Heizung.
In die vorbereitete Erde könnt Ihr nun Eure Samen aussäen und leicht angießen. Achtet beim Frühbeet auf eine Ausrichtung nach Süden, da sich so die innenliegende Luft bei Sonneneinstrahlung optimal aufheizen kann. Sorgt in den nächsten Wochen für ausreichende Wasserzufuhr und Belüftung. Manche Frühbeetbausätze verfügen wie Gewächshäuser über einen hydraulischen Öffnungsmechanismus, der den Deckel ab einer bestimmten Temperatur automatisch öffnet und wieder schließt, sobald die Luft genügend abgekühlt ist.

Aussaat unter Folie

Alternativ könnt Ihr auch mit runden Eisenstäben oder frischen Haselzweigen und gelochter Folie einen Folientunnel bauen. Die Unterkonstruktion könnt Ihr später zusätzlich als Halterung von Insektenschutznetzen verwenden (siehe auch S. 54 f.).

SAATBÄNDER

Für feine Samen wie Möhren kann man praktische Saatbänder leicht selber machen, indem man einzelne Samen mit einer Mischung aus Mehl und Wasser vorsichtig auf einen Streifen aus abgewickeltem Toilettenpapier klebt.

Gemüse aussäen: So wird's gemacht

Wichtig ist eine gute Vorbereitung des Bodens. Reste einer Laubabdeckung könnt Ihr entweder grob einharken oder abnehmen und auf den Kompost geben. Beim Einarbeiten stellt das organische Material gleich Nährstoffe zur Verfügung, beim Abräumen hingegen wirkt das Beet ordentlicher. Harkt den Boden direkt vor der Aussaat in jedem Fall etwas durch (nicht tief umgraben, da Ihr sonst die Bodenlebewesen stören würdet) und glättet ihn wieder mit einem Rechen. Markiert Euch eine Saatreihe mit einer Schnur und zieht eine ca. 2 cm tiefe Furche.
Schüttet einige Samen in eine Hand und nehmt eine kleine Menge davon zwischen Daumen und Zeigefinger der anderen Hand. Haltet diese über die Furche und lasst die Samen durch sanftes Reiben in die Reihe fallen. Alternativ könnt Ihr ein kleines Stück Papier knicken, die Samen in die Rille schütten und von dort aus in die Furche verteilen. Lasst Euch Zeit und achtet darauf, die Samen nicht zu dicht zu säen, da Ihr sonst später ausdünnen müsst – ein unnötiger Arbeitsschritt und auch eine Verschwendung von Saatgut. Verschließt nun die Furche mit Erde und gießt mit einer feinen Brause vorsichtig an. Nehmt dafür nicht zu viel Wasser, da feines Saatgut von Möhren oder Salat sonst ausgeschwemmt werden könnte.
Bestückt die Saatreihe zum Schluss unbedingt mit einem Schildchen, auf dem Ihr die Sorte und eventuell auch das Aussaatdatum vermerkt – so könnt Ihr später kontrollieren, ob die Keimung zeitgemäß verläuft und ggf. nachsäen. Ich dachte anfangs, ich könnte mir alles merken, aber gerade bei langsam keimenden Arten wie Möhren kann man leicht vergessen, ob man an einer bestimmten Stelle nun schon etwas gesät hat oder nicht.

Ein Werkzeug für die Reihenmarkierung ist aus 2 Stöckchen und Schnur schnell gebastelt.

Aussaaten pflegen

Im zeitigen Frühjahr ist die Erde oft noch recht feucht, achtet trotzdem auf regelmäßige Bewässerung, damit die feinen Keimlinge nicht vertrocknen. Falls Ihr keine frostsichere Wasserleitung habt, könnt Ihr Wasser in einer Regentonne sammeln oder z. B. einen 5-Liter-Kanister mit Wasser von zuhause mitbringen.

Aussaat in zeitlichen Etappen

Sät und pflanzt von einem Gemüse nicht alles auf einmal, sondern mit zeitlichen Abständen von 1 bis 2 Wochen. Wenn Ihr das bei mehreren Sorten umsetzt, habt Ihr den ganzen Sommer über etwas zu ernten und vermeidet große Erntemengen einer Sorte auf einmal.

LIEBLINGSGEMÜSE

- **WASSERSPINAT:** braucht nur regelmäßig Wasser und reichlich Sonne, knackiges Grün für Wok-Gerichte oder als Beilage
- **SPROSSENBROKKOLI:** wilder Bruder des bekannten Klassikers, bildet immer wieder zarte Nebenblüten zum ständigen Ernten
- **METERBOHNE:** produziert bis zu 1 m lange Früchte, wird angebaut und zubereitet wie herkömmliche Stangenbohnen
- **FORELLENSCHLUSS-SALAT:** Salat mit hübschen braunen Sprenkeln auf den hellgrünen Blättern
- **ROTE MELDE:** alte wohlschmeckende Kulturpflanze, die einst durch den Spinat aus dem Garten verdrängt wurde, tolle Farbe, hübsche Blüten

Das Milpa-Beet liefert im Spätsommer und Herbst wunderbares Gemüse. Bis es soweit ist, sieht es einfach sehr schön aus.

LIEBLINGSKOMBINATION „DIE DREI SCHWESTERN“

Die Mischkultur von Mais, Bohnen und Kürbis wird auch Milpa oder Indianerbeet genannt, da diese Art des Anbaus schon bei den Maya-Stämmen und später bei den nordamerikanischen Indianern sehr beliebt war. Früher wurde die Kombination auf großen Feldern angebaut, im Kleingarten genügen Euch auch 1 bis 2 qm.

Warum Mais – Bohne – Kürbis zusammen anbauen?

Jede Pflanze übernimmt im Indianerbeet eine andere Aufgabe. Der Mais dient den Bohnen als Rankhilfe, während die Bohnen mit ihren Wurzelknöllchen Stickstoff im Boden binden, was wiederum Kürbis und Mais als Starkzehrer mit Energie versorgt. Der Kürbis dient allen Pflanzen als Mulch für den Boden und schützt die Erde vor Austrocknung. Wirklich ein perfektes Beispiel für eine gelungene Mischkultur, der die Kombination auch den Namen „Die drei Schwestern“ verdankt.

1. Schwester: Mais

Mein Favorit ist Bantam-Zuckermais. Man benötigt ungefähr 8 bis 10 Maispflanzen pro Quadratmeter, die man für eine gute Bestäubung recht dicht pflanzen sollte. Für die Milpa ist es sinnvoll, die Pflanzen ab Anfang April zuhause vorzuziehen, damit sie schon eine gewisse Größe erreicht haben, wenn die schnell wachsenden Bohnen gesteckt werden. Mitte Mai werden die Jungpflanzen ins Freiland gesetzt.

2. Schwester: Kürbis

Sucht einfach eine Sorte aus, die Euch schmeckt. Da Schnecken die zarten Kürbisblätter lieben, ziehe ich die Jungpflanzen zuhause vor und pflanze sie aus, sobald sie 4 bis 5 vollwertige Blätter entwickelt haben. Eine Pflanze reicht, um einen Quadratmeter zu bedecken.

3. Schwester: Stangenbohne

Ich nehme gerne lila Bohnen, da sie sich farblich gut von den grünen Maispflanzen abheben. Sobald sie ca. 60 cm hoch sind, werden jeweils 5 bis 6 Bohnensamen rund um die kleinen Maispflanzen gesteckt und später am Mais hochgeleitet.

Der ideale Standort

Die Milpa-Kultur benötigt einen sonnigen Platz, am besten etwas am Rand, damit sie weder den Durchgang versperrt noch andere Beete verschattet.

DEN GARTEN FRÜHLINGSFIT MACHEN

Im Herbst schneide ich nur kranke Pflanzenteile von Gräsern und Stauden ab und entferne unerwünschte Samenstände von Pflanzen, die sich nicht ausbreiten sollen. Jetzt im Frühjahr wird es Zeit, eine Bestandsaufnahme im Garten zu machen, Kaputtes zu reparieren und etwas aufzuräumen.

KOMPOST UMSCHICHTEN

Sobald die Erde nicht mehr gefroren ist, schichte ich den Kompost um und siebe ihn, um ihn später auf den Beeten zu verteilen. Noch nicht komplett verrottetes Material gebe ich zurück in den Behälter (siehe S. 135).

GEMÜSEBEETE UND RASEN HARKEN

Bereits gekeimte Unkräuter solltet Ihr jetzt jäten und nach Bedarf Hornspäne ausbringen. Erfrorene Reste von Gemüse oder Gründüngung im Nutzgarten könnt Ihr kompostieren oder einharken. Wie man Beete optimal auf die Aussaat vorbereitet erfahrt Ihr auf Seite 38 f. Auch der Rasen (siehe S. 60 f.) freut sich über etwas Aufmerksamkeit. Ich reche ihn ausgiebig, damit genug Licht an die Halme kommt.

STAUDEN UND GRÄSER SCHNEIDEN

Wenn keine starken Fröste mehr zu befürchten sind, verbringe ich einen „Abschneidetag" im Garten. Das Entfernen abgestorbener Pflanzenteile regt den Neuaustrieb an und sorgt bald für frisches Grün. Mit heißem Tee, warmer Jacke und Werkzeug bewaffnet, entferne ich Staudenreste und schneide Gräser ca. 5 bis 10 cm über dem Boden ab. Zerbröselt von Pflanzen, die Ihr vermehren möchtet die restlichen Samenstände an Ort und Stelle – alle anderen Blütenreste kommen in den Müll. Abgeschnittene, gesunde Pflanzenreste könnt Ihr zerkleinern und auf den Kompost geben oder direkt im Beet als Flächenkompostierung wieder ausbringen.

GRILLEN UND CHILLEN

Gartenmöbel und Grill könnt Ihr jetzt grob reinigen, damit sie, sobald die ersten wärmeren Tage kommen, bereit für den Einsatz sind. Holzmöbel pflegt Ihr jetzt am besten mit einer Lasur oder Leinöl, damit sie die Saison auch bei Regen unbeschadet überstehen.

BLÜHFREUDE ANREGEN

Sobald die Forsythien blühen, können Rosen vom Winterschutz befreit, geschnitten und gedüngt werden. Wenn die Erde schon wieder offen ist, könnt Ihr jetzt auch sommerblühende Zwiebelblumen wie Gladiolen und Lilien setzen (siehe S. 120 f.) – deckt sie zum Schutz gegen Frost mit etwas Vlies oder Reisig ab. Bei Frühblühern wie Krokussen, Narzissen und Tulpen könnt Ihr die Blütenstände nach dem Abblühen abschneiden. Lasst die Blätter aber stehen bis sie welk sind, da die Pflanzen sie brauchen, um Kraft fürs nächste Jahr zu sammeln.

Brauchen wir Strom?

Schrebergarten 1 × 1

Idealerweise habt Ihr einen Garten übernommen, der bereits über einen Stromanschluss und eine funktionierende Elektrik verfügt. Dann müsst Ihr Euch nur noch bei einem Anbieter nach Wahl anmelden und einschalten.

ES GEHT AUCH OHNE STROM

Da unser Garten zu Beginn keinen Stromanschluss hatte, haben wir verschiedene stromlose Alternativen getestet. Kleine Gartenbereiche kann man gut mit Handgeräten bearbeiten, für größere lohnt sich die Anschaffung von Akku- oder sogar Benzingeräten. Akku-Varianten haben zwar meist nicht so viel Power, dafür sind sie aber leichter und leiser als ihre größeren Kollegen.

– **KOCHEN** Mit einem 2-flammigen Campingkocher mit Gasflasche kommt man schon sehr weit. Vom heißen Wasser für Kaffee, Tee oder Nudeln bis zum Eintopf kann man damit genauso viel machen wie mit einem E-Herd. Auch wenn es Klischees erfüllt: Im Garten gibt es bei uns oft auch nur Gegrilltes mit frischem Salat.

– **SPEISEN UND GETRÄNKE KÜHLEN** Für 1 bis 2 Tage ist eine Campingbox mit vorgekühlten Kältepacks ausreichend. Es gibt auch kleine Gaskühlschränke – ich hätte jedoch kein gutes Gefühl, sie bei Abwesenheit weiterlaufen zu lassen. Ein Freund von mir hat eine Kunststofftonne eingegraben und sich damit einen Erdkühlschrank gebaut – eine geniale Konstruktion, in der man auch Wurzelgemüse im Winter einmieten kann.

– **BELEUCHTUNG** Die Dunkelheit hat mich anfangs am meisten gestört. Wir haben uns bald einige akkubetriebene Lampen besorgt und mit Kerzen wurde es abends sogar richtig gemütlich.

– **HEIZEN** Zwar ist es nicht nötig, die Laube dauerhaft zu heizen, es ist jedoch toll, sich in der Übergangszeit zwischendurch etwas aufwärmen zu können. Wir nutzen dafür mittlerweile einen Radiator, alternativ gibt es auch kleine Gasheizungen.

STROM FÜR MEHR KOMFORT

Falls Ihr Euch mehr Komfort im Garten wünscht, könnt Ihr in einen Stromanschluss investieren. Die Versorgung kann entweder über das öffentliche Netz oder über Solar erfolgen. Klärt vorab in der Vorstands-Sprechstunde, was in Eurer Anlage überhaupt erlaubt ist. Alle Elektro-Arbeiten müssen von einem zugelassenen Fachmann ausgeführt oder zumindest abgenommen werden. In unserem Fall brauchte er sogar eine extra Zulassung für die Zählerinstallation.

STROMANSCHLUSS ÜBER DAS ÖFFENTLICHE NETZ

Ein kompletter Neuanschluss mit Erdkabel und Zähler kann je nach Aufwand und Länge der Zuleitung ca. 3.000 Euro kosten. Holt daher mehrere Angebote ein und hebt später die Rechnung auf jeden Fall auf – falls Ihr den Garten irgendwann abgeben möchtet, können Investitionen nämlich ins Wertgutachten einfließen.

Wenn Ihr ein Erdkabel verlegen müsst, könnt Ihr den Graben entweder ausbaggern lassen oder ihn selbst schachten. Achtet darauf, das Kabel mindestens 2 Spaten tief unter die Erde zu legen und platziert ein Markierungsband knapp darüber, damit es später beim Umgraben nicht versehentlich beschädigt wird.

SOLARANLAGE

Wenn Solarstrom erlaubt ist, kann er eine günstige Lösung sein. Starke Verbraucher (Rasenmäher, Häcksler) könnt Ihr damit nicht betreiben, für den täglichen Bedarf reicht die Leistung im Sommer jedoch aus. Achtet, um unabhängig zu sein, auf eine große Speicherbatterie.

Immer Ärger mit der Hecke

Schrebergarten 1 × 1

Kaum ein Thema bietet im Kleingarten so häufig Anlass für Streit wie die Hecke. Wie hoch darf sie sein? Welche Pflanzen sind erlaubt? Wie viel Abstand muss eingehalten werden? Oft geht es dabei nicht um die Hecke, sondern ums Sehen und Gesehen werden. Spaziergänger (und Vorstand) wollen in den Garten schauen können, während viele Gartennutzer ungestört sein möchten.

HECKENHÖHE

In vielen Vereinen gibt die Gartenordnung den Abstand zum Nachbarn und die Höhe (oft 1,25 m) vor. Falls Euer Garten bei Übergabe eine zu hohe Hecke hat, könnt Ihr versuchen, mit dem Vorstand über Bestandsschutz zu verhandeln oder zumindest erwirken, sie nur stückweise zurückschneiden zu müssen.

WELCHE PFLANZEN SIND VERBOTEN?

Die Gartenordnung enthält meist auch eine individuelle Liste verbotener Pflanzen. Oft sind das Wald- und Nadelbäume, z. B. Thuja und Eibe, sowie Pflanzen, die naturgemäß eine Höhe von mehr als 3 m erreichen. Oft sind es auch Sorten, die als Wirte für Schaderreger gelten, wie Wacholder für den Birnengitterrost.

WANN DARF MAN SCHNEIDEN?

Das Bundesnaturschutzgesetz verbietet das „auf den Stock setzen" (radikales Abschneiden) oder starken Rückschnitt von Hecken zwischen dem 1. März und 30. September. Grund ist der Vogelschutz, da Hecken häufig als Brutplätze dienen. Ein sanfter Formschnitt wäre auch im Frühjahr und Sommer erlaubt. Prüft vorher, ob Vogelnester in der Hecke sind, da sich die gefiederten Freunde vom Lärm der Heckenschere sehr gestört fühlen würden.

DIE BESTEN HECKENPFLANZEN

Leider gibt es keine immergrüne, günstige, schnell wachsende, ungiftige, überall erlaubte, vogelfreundliche Heckenpflanze. Die Auswahl hängt daher von Euren Präferenzen ab. Wie schnell soll die Hecke wachsen? Darf sie das Laub abwerfen? Wie groß ist das Budget? Ich würde mich wahrscheinlich für eine bunt gemischte Wildfruchthecke aus Felsenbirnen, Mispeln und Sanddorn entscheiden, da diese im Frühjahr schön blüht und man im Herbst und Winter ernten kann. Sichtschutz bieten Liguster und Hainbuche, aber auch Bambus, bei dem man jedoch gleich eine Rhizomsperre mit einsetzen sollte. Die beste Pflanzzeit ist der Herbst – idealerweise ein paar Wochen vor dem ersten Frost. Denkt dann im ersten Sommer daran, die Hecke regelmäßig zu wässern.

DER RICHTIGE SCHNITT

Idealerweise ist man – wie bei allen Arbeiten mit größeren Geräten – zu zweit. Beginnt am besten an den Seiten und schneidet die Hecke im oberen Bereich etwas schmaler. So kommt genug Licht an die unteren Zweige und sie verkahlen nicht so schnell. Wenn die Hecke oben etwas konisch zuläuft, wirkt sie auch leichter und eleganter. Im zweiten Schritt kürzt man die Oberseite auf die gewünschte Höhe. Um einen geraden Schnitt sicherzustellen, schlägt man links und rechts je einen Holzpflock ein und spannt eine Schnur dazwischen. Diese dient beim Schneiden dann als Anhaltspunkt.

ALTERNATIVE BENJESHECKE

Keine Hecke im klassischen Sinne, aber ökologisch wertvoll, ist eine Benjes- oder Totholzhecke. Dazu rammt man in regelmäßigen Abständen Pflöcke in den Boden und schichtet nach und nach dürren Gehölzschnitt dazwischen auf. Die sich so ergebende Abgrenzung bietet Igeln, Vögeln sowie Insekten Lebensraum und Nahrung.

GARTENAUFGABEN

- Gartenpflanzen auf Schädlinge und Schneckeneier kontrollieren
- Stauden- und Gemüsebeete jäten
- weitere Gemüse und Kräuter im Freiland aussäen
- weitere Gemüsearten (z. B. Tomate, Kürbis und Gurke) und Sommerblumen im Haus vorziehen
- März-Aussaaten ggf. umtopfen
- zusätzliche Jungpflanzen besorgen
- Kartoffeln pflanzen
- Rasen vertikutieren, düngen und kahle Stellen nachsäen
- Sommerblumen aussäen
- Dahlienknollen vortreiben
- Winterschutz an Rosen entfernen
- Wasser anstellen oder Pumpe in Betrieb nehmen
- Laube frühlingsfit machen

APRIL

Gemüse anpflanzen – was muss ich beachten?

Wer keine oder nur einen Teil seiner Jungpflanzen vorgezogen hat, kann sich diese auch anderweitig besorgen. In manchen Jahren gedeihen z. B. einzelne Sorten der eigenen Anzucht nicht gut.

1

MARKTBESUCH VORBEREITEN

Schreibt Euch vorab eine Wunschliste und nehmt eine Transportkiste mit, in der Ihr auch empfindliche Pflänzchen heil nach Hause bringt.

WANN BEKOMME ICH DIE BESTEN JUNGPFLANZEN?

Der April ist optimal für den Jungpflanzenkauf, da es überall noch genug Auswahl gibt, man die Pflänzchen aber nicht mehr allzu lange drinnen behalten muss – wichtig, wenn Ihr nicht viele helle Fensterplätze zu vergeben habt. Obwohl ich den Großteil unserer Pflanzen zuhause vorziehe, macht es mir Spaß, noch einige zusätzliche Exemplare zu besorgen, z. B. weil ich beim Säen etwas vergessen habe.

AUSWAHL UND BEZUGSQUELLEN

Achtet bei der Auswahl von Jungpflanzen möglichst auf Bio-Anbau. So habt Ihr später weniger Rückstände im Gemüse und bekommt keine Probleme mit schnell hochgezüchteten Setzlingen, die nur wenig Widerstandskraft haben und auf Temperaturschwankungen sowie die veränderte Bodenbeschaffenheit besonders empfindlich reagieren.

GESUNDE JUNGPFLANZEN ERKENNEN

- Nehmt nur kräftige, einwandfreie Pflanzen – sie entwickeln sich oft deutlich besser.
- Achtet auf eventuell auftretenden Trauermückenbefall oder Trockenheitsschäden.
- Schaut Euch die Pflanzen auch von unten an. Ein gut durchwurzeltes Töpfchen ist am besten.
- Falls die Wurzeln schon stark aus dem Töpfchen herauswachsen, ist die Pflanze meist schon zu lange im Topf.
- Achtet auf einen kompakten Wuchs – lange, dünne Hälse sind oft ein Zeichen für zu wenig Licht.

2

3

Gartencenter
Hier gibt es meist viele Gemüsepflanzen, je nach Center mit sehr unterschiedlicher Auswahl und Qualität. Der Baumarkt um die Ecke ist dabei oft deutlich schlechter sortiert als ein Gartencenter mit Pflanzenschwerpunkt.

Wochenmarkt
Wir haben einen sehr schönen Wochenmarkt in der Nähe, auf dem einige Bauern regionales Gemüse verkaufen. Im Frühjahr haben viele von ihnen auch eine kleine Auswahl an Jungpflanzen im Angebot. Manche haben diese Pflanzen nicht automatisch dabei, es könnte sich also auch lohnen, bei Eurem Lieblings-Gemüsehändler nachzufragen.

Gartenversand
Auch online kann man gute Jungpflanzen beziehen. Achtet nur drauf, wo Ihr bestellt. Nicht alle Fotos entsprechen der gelieferten Qualität und oft sind die Pflanzen in sehr viel Plastik verpackt. Empfehlenswerte Shops findet Ihr im hinteren Teil des Buches bei den Bezugsquellen.

Pflanzentauschmärkte
Die Möglichkeit mit dem größten Spaßfaktor! Einfach die eigenen zu viel ausgesäten Kürbisse oder Tomaten einpacken und zum Tauschmarkt gehen. Mit etwas Glück findet man hier auch alte Sorten oder Raritäten und kann sich mit anderen Gartenverrückten austauschen. Oft werden diese Märkte von Urban-Gardening-Initiativen organisiert. Falls Ihr in Eurer Gegend keinen Pflanzentauschmarkt findet, könnt Ihr natürlich auch selbst einen initiieren.

Tauschen mit Gartennachbarn
Wenn Ihr einen guten Draht zu Euren Gartennachbarn habt, könnt Ihr mit ihnen einfach Saatgut und Jungpflanzen direkt austauschen.

1. Setzlinge gewöhnen sich später im Garten besser ein, wenn sie tagsüber stundenweise abgehärtet werden.

2. Da Paprika sehr früh ausgesät werden müssen, können gekaufte Jungpflanzen praktisch sein.

3. Wir essen gerne Salat – deshalb pflanze ich regelmäßig Nachschub .

AUSPFLANZEN INS BEET

Sobald sich der Boden etwas erwärmt hat, kann Gemüse nun ohne Folientunnel gepflanzt oder direkt gesät werden. Wurzelgemüse wie Möhren, Rote Bete, Rettich etc. sät Ihr am besten direkt ins Beet, da sie nachträgliches Verpflanzen nicht gut vertragen. Andere Gemüsesorten könnt Ihr auch zuhause vorziehen und später auspflanzen, da Ihr die zarten Keimlinge auf dem Fensterbrett täglich gießen könnt.

Junges Gemüse abhärten und einpflanzen

Pflanzt (und sät) jetzt nur Pflanzen, die gelegentlichen Frost vertragen und wartet mit Tomaten & Co. unbedingt bis nach den Eisheiligen (S. 39 und S. 72). Alle Jungpflanzen solltet Ihr, bevor sie endgültig in den Garten umziehen, über einige Tage abhärten. So können sie sich an kühle Temperaturen, aber vor allem an das starke Sonnenlicht gewöhnen. Man stellt sie dazu an frostfreien Tagen anfangs täglich für eine Stunde ins Freie und steigert die Dauer im Laufe der Zeit.

Den richtigen Pflanzabstand für Euer Gemüse wählen

Vor dem Pflanzen jäte ich eventuell vorhandenes Unkraut und entferne dabei sorgfältig vorhandene Unkrautwurzeln.
Ihr könnt die Beete dann entweder in Reihen oder in Quadrate aufteilen. Nehmt dazu am besten Euren Pflanzplan mit in den Garten und markiert einzelne Bereiche mit kleinen Holzstöckchen, zwischen denen Ihr Schnüre spannt.
Wählt den Reihenabstand zwischen Sorten mit längerer Kulturdauer ruhig etwas weiter als auf dem Samentütchen angegeben und sät dazwischen z. B. Schnittsalat aus. Wenn Pflanzen wie Kohl, Fenchel oder Sellerie später größer werden und mehr Platz brauchen, ist der Salat schon längst abgeerntet und aufgegessen. Ich pflanze so dicht, dass nicht zu viel Boden offen steht und später die ausgewachsenen Pflanzen noch gut nebeneinander passen. Wenn man zu dicht pflanzt, riskiert man auch schlechtere Erträge (Platz- und Lichtmangel) sowie die Ausbreitung von Schädlingen und Pflanzenkrankheiten.

Auf die Pflanztiefe achten

Die Pflanztiefe spielt eine Rolle! Während Kürbis, Gurken und Tomaten gerne tiefer gesetzt werden dürfen (siehe auch S. 37), ist es z. B. bei Kohlrabi wichtig, ihn nicht zu tief zu pflanzen, da er sonst keine Knollen bildet.

Kompost geben und mit Wasser versorgen

Bevor die Pflänzchen in ihr Pflanzloch gesetzt werden, könnt Ihr noch einige Hornspäne oder eine Handvoll Kompost hinein geben. Dann mit Erde auffüllen und eine kleine Vertiefung lassen, damit das Wasser beim Gießen nicht seitlich wegläuft, sondern zur Pflanze hinfließt. Zum Abschluss alles tiefgründig wässern. In den kommenden Tagen solltet Ihr auf regelmäßige Wassergaben achten, die Jungpflanzen gelegentlich auf Sonnenbrand kontrollieren und bei Bedarf mit einem Tuch oder Vlies etwas beschatten.

Aus geraden Ästen und etwas Draht wird schnell und einfach ein Rankgitter.

GEMÜSE, DIE JETZT IN DIE ERDE KÖNNEN

Erbsen	Rote Bete
Mangold	Salate
Möhren	Spinat
Pastinaken	Stangenbohnen
Rettich	Zwiebeln

RUND UM DIE KARTOFFEL

FRÜHE UND SPÄTE KARTOFFELN

Man unterscheidet bei den Knollen neben Form und Farbe auch nach Reifezeitpunkt (frühe, mittelspäte und späte Sorten), Kocheigenschaften (eher festkochend oder mehlig) und Lagerfähigkeit (frühe Kartoffeln eignen sich nur für eine kurze Lagerung).

KARTOFFELN VORKEIMEN

Wenn man Kartoffeln vorkeimt, können sie einige Wochen früher geerntet werden. Ich lege die Saatkartoffeln dazu Mitte März in leere Eierkartons (das Ende mit den meisten Augen nach oben) und stelle sie in einem kühlen Raum ans Fenster. Nach ca. 4 Wochen kann man sie dann pflanzen – also am besten etwa Mitte April.

KARTOFFELN PFLANZEN

Das Pflanzen der Kartoffeln wird auch „Legen“ genannt. Dazu zieht man im Abstand von ca. 60 cm gerade Reihen von ca. 10 cm Tiefe und legt alle 30 cm eine vorgekeimte Kartoffel mit den Trieben nach oben hinein. Die Reihe wird vorsichtig wieder zugeharkt und angegossen. Zum Schutz vor Nematoden (schädlichen Fadenwürmern) bekommen Kartoffeln jedes Jahr einen neuen Standort.

Kartoffeln können schon ab einer Bodentemperatur von 8 °C gelegt werden. Da es einige Zeit dauert, bis die ersten Triebe über der Erde erscheinen, stellen gelegentliche leichte Fröste kein Problem dar.

LIEBLINGS-SORTEN

'La Ratte' – früh, klein, gelb, festkochend
'Blauer Schwede' – mittelfrüh, mittelgroß, vorwiegend festkochend
'Cherie' – früh, rot, festkochend
'Vitelotte' – spät, lila, festkochend
'Golden Wonder' – spät, gelb, mehlig

ANHÄUFELN, MULCHEN UND ERNTEN

Kartoffeln neigen dazu, oben aus der Erde herauszuwachsen. Dadurch werden die Knollen grün und ungenießbar. Um das zu verhindern, sollte man sie regelmäßig mit Erde anhäufeln. Dazu einfach zwischen den einzelnen Reihen Erde auf die Kartoffelpflanzen ziehen. Ich mulche das Kartoffelbeet stattdessen lieber mit einer dicken Heuschicht, die das Beet zusätzlich vor Austrocknung schützt. Sobald das Kartoffelgrün vertrocknet, sind die Knollen reif und können geerntet werden.

Die richtige Würze – Kräuter

Ein gemischtes Kräuterbeet sollte in keinem Garten fehlen! Kräuter verleihen dem Gemüse im Topf erst die richtige Würze, in der Mischkultur sind sie gute Begleiter und ihre Blüten oft eine wichtige Bienenweide.

MINI-GEWÄCHSHAUS

Aus einem Tontopf und einem kleinen Einmachglas wird im Handumdrehen ein Anzuchtgewächshaus, das die feinen Saaten vor Austrocknung schützt.

KRÄUTER-AUSSAAT

Die meisten Kräuter sind Lichtkeimer. Es reicht also ihre Samen auszustreuen, etwas anzudrücken und sanft anzugießen. Dunkelkeimer (z. B. Koriander und Borretsch) solltet Ihr mit reichlich Erde übersieben. Fast alle Kräuter können ab Mitte April auch direkt ins Beet gesät werden, achtet lediglich zu Beginn auf eine ausreichende Bewässerung – viele mediterrane Kräuter haben später als ausgewachsene Pflanzen einen geringen Nährstoff- und Wasserbedarf. Für die Aussaat im Haus nehmt Ihr am besten magere Anzuchterde. Gebt sie in Anzuchtschalen und streut die feinen Samenkörnchen locker aus – Voranzucht Schritt für Schritt siehe auch S. 37. Bei den jungen Kräutern solltet Ihr, sobald sie einige Zentimeter groß sind, die Spitzen abknipsen. Ihr regt damit die Verzweigung an und erhaltet buschigere Pflanzen.

Ausnahme Basilikum

Basilikum bildet eine Ausnahme: Es benötigt nährstoffreiche Erde und verträgt keine kalten Temperaturen. Ihr könnt es also entweder zuhause aussäen und bis nach den Eisheiligen auf der Fensterbank behalten oder später fertige Kräutertöpfe besorgen. Basilikum ist ein idealer Partner für Tomaten. Ich nehme meist einen fertigen Kräutertopf, teile es vorsichtig und pflanze jeweils 3 bis 4 Stücke zwischen die Tomatenpflanzen.

BESONDERHEITEN BEI DER PFLEGE

Kräuter mit weichen Blättern (z. B. Zitronenmelisse, Ananas-Salbei) benötigen regelmäßige Wassergaben. Estragon braucht viele Nährstoffe, Schnittlauch bevorzugt lockere, nährstoffreiche und feuchte Böden. Neben einjährig kultivierten Kräutern wie Basilikum gibt es auch frostharte Arten, die jedes Jahr wieder austreiben. Mediterrane Exemplare, wie z. B. Rosmarin, danken Euch bei Frost im Freiland einen Winterschutz, und einige Arten wie Zitronengras und Zitronenverbene sind zwar mehrjährig, sollten aber im Haus überwintert werden.

MEHRJÄHRIGE KRÄUTER ALS BEETEINFASSUNG NUTZEN

Einige Kräuter wie Salbei und Rosmarin lassen sich leicht durch Stecklinge vermehren. Das ist ideal, wenn Ihr viele Jungpflanzen benötigt, weil Ihr sie z. B. als Beetbegrenzung nutzen möchtet. Nachdem Buchsbaum, eine klassische Pflanze für niedrige Hecken, seit ein paar Jahren stark durch den Buchsbaumzünsler befallen wird, kann ich Euch mehrjährige Kräuter als hübsche Umrandung für Gemüsebeete empfehlen. Am besten eignen sich immergrüne Kräuter wie Rosmarin, Salbei, Berg-Bohnenkraut, aber auch Lavendel, der im Sommer als Bienenmagnet dient und einen wunderbaren Duft verströmt.

1

2

3

KRÄUTER

BESONDERE KÜCHENKRÄUTER		EXOTEN UND GEHEIMTIPPS	
— Ananas-Salbei	— Lorbeer	— Beifuß	— Lakritz-Tagetes
— Bohnenkraut	— Meerrettich	— Colakraut	— Pimpinelle
— Borretsch	— Zitronengras	— Currykraut	— Schafgarbe
— Estragon	— Zitronenmelisse	— Jiaogulan	— Thai-Basilikum
— Liebstöckel/ Maggikraut	— Zitronenverbene	— Kaffir-Limette	— Waldmeister
		— Koriander	— Ysop

1. Kräuter gedeihen auch gut in Töpfen – in diesen sollten sie nur etwas regelmäßiger gegossen werden als im Beet.

2. Basilikum wird beim Ernten durch Abknipsen oberhalb einer Verzweigung besonders schön buschig.

3. Unsere mehrjährige Lavendelhecke schneide ich im Herbst, die Blüten trockne ich u.a. für Kräutermischungen.

Pflanzen vor Schädlingen schützen

Als ich anfing zu gärtnern war mir nicht klar, dass es für nahezu jede Kultur eigene Schädlinge gibt. Im Garten ist allerhand Getier unterwegs, das uns die Ernte streitig machen möchte. Aber mit einigen Tricks bleibt auch für uns noch genug übrig.

LÄUSE

Dicke Bohnen pflanzt man am besten früh im Jahr, damit sie im Frühling, der Hochphase der Läusepopulation, möglichst schon ausgereift sind.

SCHÄDLINGE AN GARTENPFLANZEN

Ein Überblick über die wichtigsten Plagegeister macht es Euch leichter, geeignete Gegenmaßnahmen zu treffen, damit Ihr hoffentlich schon im ersten Gartenjahr ein üppiges Ernteglück genießen könnt. Manchen Kulturen macht der Befall mit Blattläusen vergleichsweise wenig aus. Erst wenn diese überhandnehmen, wird es für die Pflanzen schwierig, da ihnen unter Umständen zu viel Kraft geraubt wird oder junge Früchte (z. B. bei Dicken Bohnen) durch den Befall verkümmern. Manche Schädlinge kann man leicht erkennen, andere bemerkt man erst, wenn die Pflanze welk ist und man nicht mehr viel ausrichten kann. Besonders schade ist es, wenn das Gemüse durch den Befall anfängt zu faulen – dann kann es sein, dass Ihr die komplette Ernte vernichten müsst. Darum gilt: Je früher Ihr den Befall erkennt, desto besser!

SCHÄDLINGSBEFALL ERKENNEN

Wenn Ihr einen Befall mit Schädlingen oder Krankheiten vermutet, ist das Wichtigste die Ursachenforschung. Schaut die Pflanzen zuerst oberirdisch genau an, ob Ihr Eier, Läuse, Raupen oder Gespinste entdeckt. Wenn Ihr hier nichts findet, legt einen Teil der Wurzeln frei – manchmal stellt man dabei schon fest, dass die Pflanze nicht mehr fest im Boden verankert ist oder man findet Eier oder Larven. Manches lässt sich schnell beheben, bei anderen Problemen hilft nur Entsorgen, damit sich die Misere nicht noch weiter ausbreitet. Befallene Pflanzenteile gebt Ihr am besten in den Hausmüll.

Gekräuselte Blätter

Achtet auf gekräuselte Blätter an Gemüse, Sträuchern und Bäumen und inspiziert auch die Blattunterseite. Sind dort Blattläuse vorhanden? Oft sind diese so hell, dass man sie kaum erkennt, schaut

Angefressene Kohlköpfe sind trotz löchriger Blätter noch essbar.

ANZEICHEN FÜR SCHÄDLINGSBEFALL

- gekräuselte Blätter
- braune Stellen
- welke Pflanzen
- gelbe Blätter
- Ameisen auf der Pflanze
- löchrige Blätter
- Gespinste
- sehr langsames Wachstum
- Ringelbume

also genau hin. Meist werden Läuse von Ameisen begleitet, da Ameisen die Blattläuse melken und ihre „Haustiere" entsprechend gegen Feinde verteidigen. Falls Ihr keine Läuse entdeckt, sucht im Internet am besten nach der Pflanze und Begriffen wie „gekräuselte Blätter" – meist findet sich dann eine kulturspezifische Ursache, wie z. B. die Kräuselkrankheit beim Pfirsich.

Läuse könnt Ihr mit einem mittelharten Wasserstrahl einfach abspülen oder vorsichtig zerdrücken. Sollten sich die Tierchen hartnäckig halten, könnt Ihr es mit einer Sprühflasche und einigen Tropfen Neem-Öl oder biologisch abbaubarem Spülmittel versuchen. Geht parallel auch gegen die Ameisen vor: Im Gemüsebeet vertreibt Ihr sie durch häufiges Gießen, an Bäumen und Sträuchern helfen Leimringe. Bringt diese auch an eventuell vorhandenen Pflöcken an, um den Ameisen hier den Weg zu versperren.

1

2

1. Johannisbeersträucher leiden im Frühjahr oft unter Läusen, was zu hellen Blasen auf den Blättern führt.
2. Gespinstmotten entfernt man durch Abschneiden der befallenen Äste und Entsorgung in der Mülltonne.

1

2

1. Der Kohlweißling – ein hübscher Schmetterling dessen Raupen alle großen Kohlsorten lieben.

2. Da die Raupen des Kohlweißlings auch Kapuzinerkresse lieben, baue ich sie gerne in großen Mengen als Ablenkung an.

Löchrige Blätter mit Schleimspuren oder fehlende Pflanzen

Hier waren sehr wahrscheinlich Schnecken am Werk! Mit etwas Glück ertappt Ihr sie bei feuchtem Wetter noch in der Nähe des Tatorts und könnt sie absammeln. Falls nicht, findet Ihr auf den kommenden Seiten noch einige Tipps.

Löchrige oder skelettierte Blätter ohne Schleimspuren

Diese stammen gelegentlich von Mäusen und häufig von Raupen. Bei Kohl & Co. sind es meist die Raupen des Großen und Kleinen Kohlweißlings (ein weißer Schmetterling mit schwarzem Punkt auf den Flügeln). Aber auch an Bäumen und Sträuchern kommen Raupen, z. B. des Frostspanners, der Stachelbeer-Blattwespe oder des gefürchteten Buchsbaumzünslers vor. Solange sie nicht in großen Mengen oder in hohen Bäumen auftreten, könnt Ihr versuchen, sie abzusammeln. Für Gemüsebeete empfehle ich Euch Schädlingsschutznetze, gegen einige Arten gibt es zudem wirksame ökologische Spritzmittel, um einen bereits vorhandenen Befall einzudämmen.

Welke Pflanze, gelbe Blätter oder verlangsamtes Wachstum

Entgegen der allgemeinen Annahme leiden welke Pflanzen häufig nicht an Wassermangel. Welke oder gelbe Blätter weisen oft auf eine Mangelversorgung mit Nährstoffen hin. Mögliche Ursachen sind verschiedene Pilzkrankheiten, aber auch in der Erde befindliche Raupen, Nematoden (Fadenwürmer) oder Larven der Kohl- und Möhrenfliege sowie Trauermücken. Weitere häufige Ursachen sind verfaulte Wurzeln auf Grund von Staunässe oder Wühlmäuse, die die Wurzeln angefressen haben.
Die Maßnahmen sind je nach Ursache unterschiedlich. Dem Befall mit Fliegen kann man z. B. durch Netze vorbeugen, Wühlmäuse lassen sich mit feinmaschigen Gittern unter den Rahmenbeeten oder durch selbst gebastelte Drahtkörbe um die Pflanzen fernhalten. Übrigens: Gegen Rehe (und gleichzeitig Hasen), die in manchen Kolonien vorkommen, helfen nur Zäune von mindestens 1,80 m Höhe.

KULTURSCHUTZNETZE – GEHEIMWAFFE GEGEN MÖHRENFLIEGE & CO.

Eine günstige, effektive und chemiefreie Möglichkeit, Schädlinge abzuhalten, sind feinmaschige

1

1. Installiert Kulturschutznetze möglichst früh im Jahr, um Schädlingen innerhalb der Netze vorzubeugen.

2. Die feinen weißen Netze sind zweckmäßig und sehen im Gemüsegarten auch recht schön aus.

2

Netze (< 1 mm Maschenweite), die über dem Gemüse gespannt werden. Gerade den Kohlweißling, den Hauptschädling an Kohlpflanzen, kann man damit ganz ohne Gift an der Eiablage hindern. Aber auch Kohl-, Möhren- und Zwiebelfliegen versperrt man leicht den Weg zur Wirtspflanze. Diese legen normalerweise ihre Eier in der Erde ab, die Larven durchlöchern dann Wurzelgemüse oder die Strünke von Brokkoli & Co., woraufhin diese zu faulen beginnen. All das kann man sich durch den Einsatz von Netzen auf umweltfreundliche Art ersparen.
Wenn man in den Vorjahren einen Befall mit Kohlfliegen o. ä. bemerkt hat, sollte man den Anbau dieser und verwandter Kulturen auf den gleichen Beeten mindestens 2 Jahre vermeiden, da immer noch Fliegen aus der Erde schlüpfen können und dann natürlich auch das Schutznetz wirkungslos ist.

Schädlingsschutznetz installieren

Dazu benötigt Ihr nur ein einfaches, dreieckiges oder tunnelförmiges Gestell und ein feinmaschiges Netz. Dieses gibt es aus lang haltbarem Kunststoffgewebe, aber auch aus Baumwolle, die schneller kaputt geht, aber dafür kompostierbar ist. Die Unterkonstruktion kann man sich leicht aus frisch geschnittenen Haselnusszweigen, Bambusruten oder aus Metallstäben selbst bauen. Das Netz wird darüber ausgebreitet und entweder seitlich eingegraben oder mit Steinen beschwert. Ich nehme die Netze auch beim Gießen nicht ab, sondern entferne sie nur gelegentlich, um die Beete auf Schädlingsbefall zu kontrollieren.

TIPP

Die Unterkonstruktion für ein Schädlingsschutznetz kann man im Frühjahr und Herbst auch prima nutzen, um Gemüse unter Vlies oder Folie anzupflanzen.

Leider sind wir nicht die einzigen, die im Sommer gerne frischen Salat essen.

WER HAT EIGENTLICH DAS SAGEN, DIE SCHNECKEN ODER ICH?

Wer einmal vor seinen komplett abgefressenen Kürbispflänzchen stand, weiß, dass Schnecken eine ganze Ernte vernichten können. Während Exemplare mit Häuschen sich von abgestorbenen Pflanzenteilen ernähren und dadurch bei der Humusbildung mithelfen, sind vor allem Nacktschnecken unerwünschte Gäste. Eine gewisse Population finde ich als Teil des Ökosystems o.k., deshalb bekämpfe ich sie nur in den Gemüsebeeten. Es gibt verschiedene mehr oder weniger grausame Methoden gegen Schnecken. Welche für Euch die richtige ist, solltet Ihr nach Eurem Naturell und den Gegebenheiten im Garten entscheiden.

Schnecken vorbeugen

Junge Triebe von Zucchini, Kürbis & Co., zarten Salaten und einigen Blumen lieben Schnecken besonders. Diese könnt Ihr vorziehen und erst ab einer gewissen Größe auspflanzen. Vermeidet es, viel von oben zu gießen, da feuchte Gartenerde wie eine Autobahn für Schnecken ist – Ollas (Tongefäße als Wasserspeicher im Hochbeet, siehe S. 68 f.) sind z. B. eine gute Alternative. Wenn Ihr mit einem Sprenger bewässert, gießt am besten morgens, da die Tiere nachtaktiv sind und so der Boden bis zum Abend wieder abtrocknet. Im Staudenbeet könnt Ihr auf Pflanzen wie Lavendel, Zierlauch oder Farne setzen, die Schnecken nicht schmecken, oder es mit einigen ihrer Lieblinge wie Dahlien oder Rittersporn als „Opferpflanzen" versuchen.

Natürlichen Feinden attraktiven Lebensraum bieten

Igel und Spitzmäuse, verschiedene Vogelarten wie Amseln, Stare und Elstern sowie Kröten und Blindschleichen können bei der Eindämmung der Schneckenplage helfen. Bietet ihnen attraktiven Lebensraum durch Artenvielfalt und geeignete Verstecke (siehe auch S. 58).

Schneckenzaun und Schneckenkragen anlegen

Ihr könnt Schnecken mit einem Zaun um das ganze Beet oder mit Schneckenkragen um einzelne Pflänzchen aussperren. Wichtig sind eine starke Abkantung, da diese von den Schleimern nicht überwunden werden kann, sowie konsequentes Absammeln innerhalb der Umrandung – insbesondere vor dem Anlegen des Zaunes. Für Hochbeete gibt es speziellen rutschhemmenden Lack, mit dem man Holzoberflächen streichen kann, so dass Schnecken auf ihnen nicht gut vorankommen. Ein Verteilen von Kompost solltet Ihr beim Anwenden dieser Methoden eher vermeiden, da Ihr damit Schneckeneier einschleppen könntet.

1

2

3

Eierschalen & Co.

Manche Gärtner verteilen rund um einzelne Setzlinge rutschhemmende Stoffe wie Kaffeesatz, Eierschalen etc. Diese bilden eine gewisse Barriere, komplett abhalten können sie hungrige Schnecken jedoch nicht. Da sowohl Eierschalen als auch Kaffeesatz viele nützliche Stoffe enthalten, könnt Ihr diese Methode jedoch bedenkenlos ausprobieren.

Absammeln

Ich nutze diese Methode selbst kaum, da ich dafür leider zu selten im Garten bin. Viele schwören jedoch darauf, nach einem regnerischen Tag in den späten Abendstunden mit einer Taschenlampe bewaffnet auf Schneckenjad zu gehen. Falls Ihr es ausprobieren möchtet, legt große Blätter (z. B. von Kohl oder Rhabarber) oder ein feuchtes Brett ins Beet, unter denen sich die Schnecken gerne verstecken. Die traditionellen Methoden abgesammelte Schnecken zu entsorgen (also mit Salz überstreuen, mit heißem Wasser übergießen oder durchschneiden) finde ich zu grausam und eklig. Falls Ihr die Schnecken nicht töten, sondern aussetzen wollt, dann bringt sie am besten weit weg in den Wald.

Bierfalle

Diese kann man sich selbst basteln oder fertig kaufen. Da Schnecken den Geruch von Bier lieben, lockt die Falle aber zusätzliche Schnecken aus der Umgebung an und nur ein kleiner Teil davon ertrinkt tatsächlich im Bier. Ein Hinweis: Das Ausleeren ist nichts für zart besaitete Menschen.

Bio-Schneckenkorn

Das hellgrüne Schneckenkorn auf Eisenbasis suggeriert den Schnecken nach dem Verzehr, sie wären satt. Sie ziehen sich in ihre Verstecke zurück, stellen das Fressen ein und sterben ab. Die weitgehend regenstabilen Körnchen wirken nur bei ihnen und sind daher ungiftig für andere Tiere und den Menschen. Bitte kein herkömmliches Schneckenkorn benutzen, da es die Schnecken tatsächlich vergiftet und somit Igel oder andere Wildtiere an einer Sekundärvergiftung sterben können.

1. Schneckenzäune gibt es als praktische Stecksysteme, die sich schnell und sogar ohne Werkzeug installieren lassen.

2. Eierschalen kann man sammeln und fein zerbröselt ins Beet streuen.

3. Bio-Schneckenkorn lohnt sich vor allem früh in der Saison, da hiermit die Gesamtpopulation klein gehalten werden kann.

1

2

3

1. In der „wilden Ecke" tummeln sich rund ums Jahr tierische Helfer.

2. Florfliegenlarven sind wahre Blattlausvernichter.

3. Eine Marienkäferlarve, damit Ihr sie im Garten auch als Nützling erkennt.

TIERISCHE HELFER IM GARTEN

Den natürlichen Kreislauf von Fressen und gefressen werden im Garten zu fördern oder wiederherzustellen, sehe ich als eine meiner wichtigsten Aufgaben als Bio-Gärtnerin. Viele Schädlingsprobleme lösen sich dadurch von selbst oder der Ausfall fällt kaum noch ins Gewicht.

Die besten und effektivsten Abwehrmittel gegen Schädlinge sind ihre natürlichen Feinde wie Marienkäferlarven, Florfliegen sowie Eidechsen, Igel und Vögel. Wenn wir im Garten alles clean halten, nehmen wir diesen nützlichen Helfern den Lebensraum – und Schädlinge können sich munter auf unserem Gemüse ausbreiten. Übrigens sind gesunde und starke Pflanzen deutlich weniger anfällig für diverse Schädlinge.

Ideen, um Nützlinge anzulocken

- Stauden im Herbst nicht abschneiden, da in den vertrockneten Pflanzenteilen viele Kleinstlebewesen überwintern.
- Ein Totholzhaufen bietet Eidechsen, Igeln und Blindschleichen einen idealen Lebensraum. Dazu einfach einige größere Äste und Reisig aufschichten.
- Eine Trockenmauer bauen. Die Steine heizen sich im Sommer auf und dienen als Unterschlupf für wärmeliebende Tiere wie Eidechsen.
- Eine Wildblumenwiese aussäen. Sie bietet Bienen, Hummeln und vielen anderen Insekten Nahrung.
- Laub im Herbst in Teilbereichen des Gartens belassen. Es ist nicht nur die Leibspeise von Regenwürmern, es bietet auch verschiedensten Kleinlebewesen Schutz.

HEIMLICHE SUPERHELDEN

Die unscheinbaren Regenwürmer ernähren sich von abgestorbenen Pflanzenteilen, im Beet lockern sie die Erde und auf dem Kompost verwandeln sie Grünabfälle in wertvollen Humus.

DER BIENEN- UND INSEKTENFREUNDLICHE GARTEN

FUTTERPFLANZEN FÜR INSEKTEN

Viele Insekten sind auf bestimmte Wirtspflanzen angewiesen, deshalb kann eine größere Artenvielfalt bei Euren Gartenpflanzen auch ein Beitrag gegen das Insektensterben sein. Fenchel und Brennnesseln sind beispielsweise wichtige Futterpflanzen für einige Schmetterlingsraupen, ohne die es diese Schmetterlingsarten nicht geben würde.

NAHRUNG VON FRÜHLING BIS HERBST BIETEN

Pflanzt am besten auch einige Blühpflanzen wie Krokusse oder Helleborus für das zeitige Frühjahr und Astern oder Chrysanthemen, die sehr spät im Herbst noch blühen und den hungrigen Bienen, Hummeln und Insekten Nektar bieten.

Wichtig: Wasser für Bienen und Vögel! Gerade in den Jahreszeiten-Randbereichen und im heißen Sommer.

SELBST GEBAUTE NISTHILFEN AUFSTELLEN

Zusätzlich zum natürlichen Lebensraum, könnt Ihr auch noch ein Insektenhotel aufstellen – Nisthilfen für Wildbienen und Insekten können die Population im Garten zusätzlich erhöhen. Achtet beim Bau von Insektenhotels auf verschiedene Lochgrößen sowie fein abgeschliffene Kanten, damit sich die Bewohner auch richtig wohlfühlen. Gute Anleitungen findet Ihr bei Naturschutzverbänden wie dem NABU.

WILDE UNTERSCHLÜPFE

Wir haben eine wilde Ecke im Garten, mit einer Trockenmauer und einem Totholzhaufen. Sie wird von einer kleinen Wiese mit Wildkräutern gesäumt, die wir weitgehend ungestört wachsen lassen. Im Sommer macht es großen Spaß, dem Schlängeln und Krabbeln zuzusehen und zu beobachten, wie sich das Pflanzenspektrum ganz von selbst jedes Jahr erweitert.

BLUMEN MIT UNGEFÜLLTEN BLÜTEN

Bienen und viele Krabbeltiere sammeln Nektar und Pollen als Nahrung. Pflanzt daher möglichst Blumen und Sträucher mit ungefüllten Blüten, da bei gefüllten Sorten, wie beispielsweise vielen Beetrosen, die kostbaren Staubblätter zu Blütenblättern umgezüchtet wurden und somit für unsere summenden Freunde leider wertlos sind. Offene Rosenblüten schenken Euch im Herbst noch dekorative Hagebutten, die sich aus den befruchteten Staubblättern entwickeln.

FLEISSIGE BIENCHEN

Die meisten Obst- und Gemüsepflanzen benötigen Bestäuber, um Früchte auszubilden. Das sind oft nicht nur die bekannten Honigbienen, sondern auch Wildbienen, Hummeln und andere Insekten.

WIE BEKOMME ICH DICHTEN RASEN?

Ein englischer Rasen gehört nicht zu meinen Zielen im Garten, dennoch ist es gut zu wissen, wie Ihr Euren grünen Teppich am besten pflegt und ihn gut durch einen heißen Sommer bringt.

RASEN NACHSÄEN

Kahle Stellen könnt Ihr durch Nachsäen einfach ausbessern. Wählt dafür am besten eine Rasenmischung mit unterschiedlichen, robusten Grassorten oder eine spezielle Reparaturmischung und streut diese auf die entsprechenden Stellen. Wenn Ihr möchtet, könnt Ihr die Aussaat noch mit etwas Erde übersieben. Beachtet, dass Rasen erst ab einer Temperatur von ca. 10 °C keimt und dass die Saat feucht gehalten werden sollte. Ich nutze dafür einen Rasensprenger, der die Fläche ein- bis zweimal pro Tag beregnet. Wenn alles klappt, keimt das Gras nach 10 bis 14 Tagen. Sobald die Halme etwa 4 bis 5 cm lang sind, solltet Ihr das erste Mal mähen, um ihre weitere Verzweigung anzuregen.

MIT MOOS NICHTS LOS

Die Ursache für vermoosten Rasen ist z. B. häufig ein schlechter Wasserabzug durch verdichteten Boden, eine Lage im Schatten oder Nährstoffmangel. Sollte die Fläche stark verfilzt sein, kann es sich lohnen, sie zu vertikutieren. Auch wenn der Rasen danach zuerst etwas gerupft aussieht: Die Grashalme bekommen jetzt wieder mehr Luft und entwickeln sich besser.

RASEN RICHTIG MÄHEN

Idealerweise mäht man den Rasen jeweils nicht zu kurz, aber dafür häufig. Das schaffe ich meist nicht und mähe daher nur vier- bis fünfmal pro Saison. Da wir den Rasen im Sommer nicht dauerhaft bewässern, wächst er ohnehin nicht so rasant. Ich habe einen Rasenmäher mit Mulchfunktion und lasse das Schnittgut daher gleich als Dünger auf der Fläche liegen. Ihr könnt den Rasenschnitt aber auch etwas antrocknen lassen und dann kompostieren oder Eure Gemüsebeete damit bedecken.

RASEN DÜNGEN

Im Frühjahr freut sich Rasen über eine stickstoffbetonte Düngung, durch die das Wachstum so richtig in Fahrt kommt. Im Herbst ist eine Düngung mit Kalium sinnvoller, da es die Pflanzenzellen festigt und die Halme widerstandsfähig gegen Frost und Rasenkrankheiten macht.

RASEN BEWÄSSERN

In sehr heißen und trockenen Sommern solltet Ihr Euren Rasen gelegentlich bewässern. Dazu könnt Ihr einfach einen Rasensprenger installieren und alle paar Tage eine Weile laufen lassen. Wie bei den meisten anderen Pflanzen gilt auch hier: Lieber einmal durchdringend gießen, als mehrmals nur oberflächlich.

Recht im Herbst den Rasen möglichst laubfrei, da die Halme unter den verrottenden Blättern sonst nicht genug Licht und Luft bekommen.

RASENFLÄCHE NEU ANLEGEN

Je nährstoffhaltiger der Boden ist, desto besser gedeiht Euer grüner Teppich. Falls Ihr also eine Rasenfläche neu anlegen möchtet, lohnt es sich ggf. in ein paar Kubikmeter guten Mutterboden zu investieren. Diesen könnt Ihr liefern lassen und mit Hilfe von Rechen und langen Latten glätten. Dann verfestigt Ihr die Fläche mit einer Walze (alternativ gehen auch unter die Schuhe geschnallte Bretter), bevor Ihr den eigentlichen Rasen aussät. Danach regelmäßig wässern. Die Walze und spezielle Aussaat-Wägelchen, mit denen Ihr die Samen gleichmäßig verteilen könnt, gibt es bei vielen Baumärkten auch im Verleih. Achtet bei der Auswahl der Rasensorte auf besondere Gegebenheiten und wählt dementsprechend aus – z. B. robusten Sportrasen oder etwa speziellen Schattenrasen.

Sommerblumen säen und pflanzen

Bunte Sommerblumen sind nicht umsonst fester Bestandteil klassischer Bauerngärten. Neben ihrem Zierwert und ihrer Schnitttauglichkeit als Sträuße für die Vase locken sie Bienen und andere Insekten in den Garten.

1

BLUMIGE INSEKTENWEIDEN

Nektar- und pollenreiche Blüten sind ein Magnet für bestäubende Insekten wie Bienen, Hummeln & Co. Damit tragen sie zur Erhaltung der Artenvielfalt bei, sorgen für eine gute Bestäubung und somit auch für höhere Erträge bei der Obst- und Gemüseernte. Neben oder zwischen Eure Gemüsereihen könnt Ihr dafür Blumen einplanen und diese sogar als Schnittblumen (z. B. Duftwicken, Skabiosen, Zinnien) oder zum Trocknen (Strandflieder, Strohblumen, Jungfer im Grünen) ernten.

BLUMEN AUSSÄEN

Falls es im Garten sehr trocken ist, Ihr mageren Sandboden habt oder Ihr unter einer Schneckenplage leidet, könnt Ihr Sommerblumen zuhause in Saatschalen vorziehen und die Setzlinge nach den Eisheiligen auspflanzen. Falls es damit keine Probleme gibt, können viele Sorten auch einfach direkt ins Beet gesät werden. Wenn Ihr mit dem Standort der Blumen zufrieden seid, lasst einfach einige Exemplare vor Ort verblühen und Samen bilden.

Vergängliche Schönheiten – einjährige Blumen

Einjährige Sommerblumen wie Zinnien, Schmuckkörbchen oder Löwenmäulchen werden im Frühling ausgesät, entwickeln sich über den Sommer, blühen und erfrieren, wenn der Winter kommt. Meist bilden sie viele Samen aus und vermehren sich darüber. Wenn man sie also einmal im Garten angesiedelt hat, stehen die Chancen gut, dass sie in den kommenden Jahren immer wieder kommen – nur vielleicht nicht an der geplanten Stelle.

Zweijährige Blumen

Für zweijährige Schönheiten wie Stockrosen, Fingerhut, Nelken, Silberblatt oder Königskerze braucht Ihr etwas Geduld: Im ersten Jahr bilden sie oft nur eine Blattrosette aus und blühen erst im Folgejahr. Danach verschwinden sie meist wieder. Um sie dauerhaft im Garten zu etablieren, solltet Ihr also jedes Jahr aussäen (oft tun sie das von alleine, nur nicht immer zuverlässig) oder z. B. bei Stockrosen die Samen aus den Samenständen bröseln. Nach einiger Zeit sind immer ein- und zweijährige Sämlinge vorhanden und es gibt dadurch jedes Jahr Blüten.

MIT SOMMERBLUMEN IM GARTEN GESTALTEN

Besonders schön finde ich Sommerblumen, wenn sie entweder sortenrein in Gruppen gepflanzt werden oder als bunt gemischter Streifen einen Gartenweg oder Beete säumen. Der Fantasie sind dabei keine Grenzen gesetzt. Einjährige Blumen haben den Vorteil, dass Ihr jedes Jahr etwas Neues ausprobie-

2

1. Stockrosen gibt es in vielen ausdrucksvollen Farben.

2. Zartlila Mohnblüten wirken besonders elegant.

3. Essbare Blüten, z. B. Cosmea, schmücken jeden Sommersalat.

3

ren könnt. Sie eignen sich auch gut als Lückenfüller im Staudenbeet. Mit den Blütenfarben könnt Ihr entweder Ton-in-Ton gestalten oder bewusst mit Kontrasten arbeiten. Beachtet bei der Auswahl von Blumen und Pflanzkombinationen auch Blühzeitpunkte und die Höhen der Pflanzen – wäre ja schade, wenn kleine Blümchen im Hintergrund von großen Pflanzen im Vordergrund verdeckt würden. Mit der Zeit werdet Ihr ein Auge für gute Kombinationen entwickeln und diese auch in anderen Gärten entdecken. Ich mache dann oft ein Foto, das mir später als Erinnerungsstütze dient.

Sommerblumen-Klassiker

Beliebte Klassiker, mit denen Beete gerne gestaltet werden sind: Klatschmohn, Kornblumen, Löwenmäulchen, Duftwicken, Malven, Margeriten, Schmuckkörbchen, Skabiosen, Sonnenblumen, Vergissmeinnicht, Zinnien, Lupinen, Nelken, Veilchen, Eisenkraut.

BLUMEN ALS NATÜRLICHE SCHÄDLINGSBEKÄMPFER

Blumige Vertreter, die Euch im Kampf gegen Schädlinge unterstützen können sind:

Ringelblume (Calendula)

Ihre Wurzeln sondern einen Giftstoff gegen Nematoden (Fadenwürmer) ab. Die Blüten sind essbar und enthalten entzündungshemmende Stoffe. Aus ihnen können beispielsweise Tees oder Heilsalben hergestellt werden.

Tagetes

Die „stinkende Studentenblume" ist viel besser als ihr Ruf! Es gibt schöne, ungefüllte Wildarten und kleinwüchsige Lakritz-Tagetes, die sanft nach Anis duften. Auch sie wirken gegen Nematoden im Boden, die über den Geruch der Wurzeln angelockt werden. Sobald die Würmer in die Wurzeln eindringen, wird von den Blumen ein Stoff abgesondert, der die Nematoden abtötet. Tagetes eignen sich daher ideal als Begleiter von Kartoffeln oder als Vorkultur, um Gemüsebeete schädlingsfrei zu machen. Weiterer Nebeneffekt: Auch verschiedene Fliegenarten werden vom Tagetesgeruch abgeschreckt.

Kapuzinerkresse

Die stark rankenden Pflanzen eignen sich gut zur schnellen Begrünung von Hochbeeten oder Zäunen. Alle Pflanzenteile der Kapuzinerkresse sind essbar und schmecken leicht scharf und würzig. Sie ist die ideale Opferpflanze bei Blattläusen, da auch diese Kapuzinerkresse lieben und so oft unsere Gemüsepflanzen verschonen.

Wasser, Abwasser & Co.

Schrebergarten 1 × 1

Anfang April stellen wir meist voller Freude das Wasser im Garten wieder an. Nun können wir wieder problemlos Kaffee kochen, Hände waschen, abspülen und vor allem die Pflanzen bewässern.

WIE FUNKTIONIERT DAS MIT DEM WASSER IM SCHREBERGARTEN?

Auch hier gelten andere Regeln als auf Privatgrundstücken. Was erlaubt ist, variiert von Bundesland zu Bundesland. In Hamburg darf z. B. kein Wasseranschluss in die Laube gelegt werden – in unserer Berliner Kolonie gehören wir zu einer kleinen Gruppe, die lediglich über eine Entnahmestelle im Garten verfügt.

WO KOMMT DAS WASSER HER?

Mit etwas Glück ist Eure Anlage an das kommunale Wasser angeschlossen. In diesem Fall gibt es entweder direkt auf dem Grundstück oder an einer Verteilerstelle eine Wasseranschlussgrube mit Zähler. Hier wird im Herbst das Wasser abgedreht und im Frühling wieder angestellt. In unserer Anlage haben wir eigene Gruben und jeder entscheidet den Termin für sich. In vielen Kolonien ist das aber auch zentral geregelt. In jedem Fall muss die Grube tief genug sein und frostfrei gehalten werden, damit im Winter nichts einfriert.

WIE WIRD DAS WASSER VERTEILT?

Von der Grube aus könnt Ihr im Garten verschiedene Entnahmestellen versorgen. Wenn Ihr nur eine Sommerleitung braucht (das Wasser also den Winter über abgestellt ist), reicht eine Tiefe von 2 bis 3 Spatentiefen, damit beim Graben nichts aus Versehen beschädigt wird. Wenn Ihr eine frostfreie Leitung verlegen möchtet, muss diese unbedingt unterhalb der Bodenfrostgrenze verlaufen. Je nachdem wo Ihr wohnt und wie hart die Winter sind, liegt diese bei 80 bis 120 cm unterhalb der Erdoberfläche. Achtet darauf, dass bei einer Ganzjahresleitung auch die oberirdischen Entnahmestellen entsprechend gedämmt sein müssen.
Lasst Euch beim Anschließen neuer Wasserleitungen von einem Fachmann helfen. Eine undichte Leitung im Garten kann teuer werden, da ggf. Tausende Kubikmeter Wasser im Untergrund versickern können, ohne dass man das merkt.

ALTERNATIVE BRUNNENWASSER

Gerade zum Gießen ist ein eigener Brunnen toll, da nur der Strom für die Pumpe bezahlt werden muss und Ihr gerade in einem heißen Sommer sehr viel Geld sparen könnt. Auch wenn Eure Anlage nicht ans Stadtwasser angeschlossen ist, kann ein Brunnen praktisch sein. Denkt nur dran, dass es sich meist nicht um Trinkwasser handelt und erkundigt Euch vorab, ob der Bohrung etwas entgegensteht. Es gibt Dienstleister, die Komplettpakete anbieten – manche müssen nur bei Erfolg bezahlt werden. Es lohnt sich also, auch hier verschiedene Angebote zu vergleichen.

REGENWASSER – UMSONST UND DRAUSSEN

Auch die gute alte Regentonne spielt im Schrebergarten eine wichtige Rolle. Viele Kleingärtner sammeln die Niederschläge vom Laubendach in einer Tonne, die an die Dachrinne angeschlossen ist. Wasser aus der Regentonne ist für empfindliche Pflanzen ideal, da es weicher ist und Umgebungstemperatur hat. Das Leitungswasser ist oft deutlich kalkhaltiger und – da es tief aus dem Boden kommt – natürlich eiskalt.

Tipp für den Frühling

Stellt die Regentonne auf, sobald es nicht mehr regelmäßig Frost gibt. Sporadische Minustemperaturen sind kein Problem, da eine große

Wassermenge nicht so schnell durchfriert. Das gesammelte Wasser könnt Ihr dann schon für die ersten Aussaaten nutzen, während die Wasserleitung noch abgestellt ist. Gerade in Zeiten des Klimawandels lohnt es sich, gleich mehrere aufzustellen, da nicht immer mit regelmäßigem Nachschub von oben zu rechnen ist. Die Tonnen könnt Ihr im unteren oder oberen Bereich miteinander verbinden, so läuft das Wasser von einer zu nächsten. Bleibt der Regen aus, könnt Ihr die leeren Behälter ggf. auch mit Brunnenwasser auffüllen.

WAS PASSIERT MIT DEM ABWASSER?

Wasser im Garten wird ja nicht nur zum Kaffeetrinken und Gießen benutzt, sondern z. B. auch zum Spülen oder Händewaschen. Einige Gärten haben sogar Spültoiletten – dieses Schmutzwasser muss also irgendwo hin. Viele Gärten sind bereits mit einer Abwassergrube ausgestattet. In diesem Fall muss alle paar Jahre eine Dichtigkeitsprüfung durchgeführt und die Grube von einer Fachfirma je nach Abwassermenge in Intervallen geleert werden. In einigen Anlagen sind diese Gruben auch verpflichtend vorgeschrieben – achtet also beim Schrebergarten-Kauf darauf, ob Ihr hier ggf. nachrüsten müsstet.

ALTERNATIVE KOMPOSTKLO

Da wir Kosten und Aufwand für den Bau einer Abwassergrube scheuten, haben wir uns für eine Komposttoilette entschieden. Passende Systeme gibt es fertig zu kaufen, man kann sie aber auch selbst bauen. Das Prinzip ist meist ähnlich: Die Fäkalien werden mit einer Schicht aus Rindenschrot oder Erde überdeckt, die Flüssigkeit und Gerüche bindet.

2 Bauweisen von Komposttoiletten

- Trenntoilette: Urin und Feststoffe werden getrennt, der Urin separat gesammelt und ggf. als Jauche verteilt.
- Gemischte Komposttoilette: Der Urin wird vom Rindenschrot aufgesaugt und der komplette Toiletteninhalt auf einem separaten Komposthaufen kompostiert.

Unser Kompostklo

Wir haben einen Toilettensitz, unter den stellen wir einen 10-Liter-Eimer mit einer kompostierbaren Tüte aus Maisstärke und geben zu Beginn 1 bis 2 Schaufeln Rindenschrot hinein. Immer, wenn jemand die Toilette benutzt, wirft er am Ende eine Schaufel Streu oben drauf. Sobald der Eimer voll ist, jedoch spätestens alle 2 Wochen, geben wir den Inhalt auf einen separaten Kompost, wo alles innerhalb eines Jahres verrottet (ebenso das Toilettenpapier). Wir düngen dann Staudenbeete, Sträucher, Hecke und Bäume damit.

KÖRPERHYGIENE

Einige ältere Lauben sind mit kompletten Badezimmern inklusive Wasser, Abwasser, Toilette, Dusche und Warmwasserboiler ausgestattet. Auch wenn Eure Laube nicht so komfortabel ist, müsst Ihr auf Körperhygiene im Garten nicht verzichten. Uns reicht die gute alte Waschschüssel mit Waschlappen, es gibt aber auch mobile Duschen mit Akkubetrieb. Das sind spezielle Duschköpfe mit Tauchpumpe, die in einen Eimer mit warmem Wasser gesteckt werden. In einer nicht einsehbaren Gartenecke kann man damit sogar ein Badezimmer improvisieren. Bitte benutzt im Garten keine herkömmlichen Wasch- oder Spülmittel, sondern nur spezielle Öko-Seifen, die komplett abbaubar sind.

GARTENAUFGABEN

- nach den Eisheiligen Gemüse-Jungpflanzen ins Beet setzen
- Sommerblumen auspflanzen
- ggf. automatische Bewässerung installieren
- Unkraut jäten
- Beete hacken und mulchen
- erstes Gemüse ernten und ggf. nachsäen
- Rhabarber ernten
- Gemüseschutznetze aufstellen
- abgeblühte Blütenstände von Zwiebelblumen abschneiden
- Erdbeeren mit Stroh mulchen
- Kartoffeln anhäufeln

MAI

Gute Pflanzenpflege ist wichtig

Auch wenn das Ernteglück im eigenen Garten von vielen unsicheren Faktoren, wie z. B. dem Wetter, abhängt, könnt Ihr Eure Pflanzen durch liebevolle Pflege beim gesunden Wachstum unterstützen.

RICHTIG GIESSEN

Um gut zu gedeihen, benötigen Pflanzen neben dem Sonnenlicht vor allem Wasser. Deshalb werde ich häufig gefragt, wie und wie oft wir unseren Garten gießen. Die Bewässerung zu optimieren, ist für mich elementar beim Gärtnern im Schrebergarten, da wir auch manchmal eine Woche nicht vor Ort sind. Meine Strategie: durchdringend gießen, Beete mulchen, Wasser speichern und Gemüsebeete automatisch bewässern (siehe S. 77).

Lange und durchdringend

Einer der häufigsten Fehler lässt sich leicht vermeiden. Gerade wenn wenig Zeit ist, neigt man dazu, schnell überall ein bisschen zu bewässern. Sinnvoller ist es, seltener, dafür aber lange und durchdringend zu gießen. Pflanzenwurzeln suchen das Wasser. Wenn Ihr konsequent tiefgründig gießt, wachsen die Pflanzenwurzeln nach unten, wenn Ihr häufig nur oberflächlich bewässert, eher nach oben, wo das Wasser schneller verdunstet und feine Wurzeln eventuell sogar vertrocknen.
Ich gieße gerne rückenschonend mit einem langen Gießstab. Mein Modell hat einen großen Durchfluss, ohne zu spritzen. Achtet darauf, möglichst am Boden zu gießen und Blüten und Blätter nicht zu benetzen, da das Wasser sonst verdunstet, bevor es an den Wurzeln ankommt.
Wenn ich wenig Zeit habe, lege ich den Gießstab an einer passenden Stelle ins Beet, stelle mir einen Timer, lasse das Wasser 5 bis 15 Minuten laufen und wechsele dann die Position. So kann ich den Garten Stück für Stück bewässern, während ich andere Dinge erledige. Tomaten und Hochbeete versorge ich zusätzlich mit Wasserspeichern in Form von Ollas, die die Feuchtigkeit nach und nach an die Umgebung abgeben. Diese könnt Ihr Euch aus großen Blumentöpfen sogar selbst basteln. In den anderen Gemüsebeeten habe ich eine einfache und flexible automatische Bewässerung installiert, mit der wir im Sommer auch sehr gut die Urlaubszeit überbrücken können (siehe S. 106).

Wasser speichern mit Ollas

Ollas sind ungebrannte Gefäße aus Ton, die im Boden vergraben und über eine kleine Öffnung mit Wasser gefüllt werden. Durch die poröse Oberfläche geben sie das Wasser langsam an die Umgebung ab und eignen sich dadurch optimal für die Bewässerung von Tomaten und anderem Gemüse. Bereits 2 große Ollas mit je 5 Liter Fassungsvermögen können ein komplettes Hochbeet für eine Woche mit Wasser versorgen. Eine kleinere Olla mit 12 cm Innendurchmesser reicht z. B. für 2 Tomatenpflanzen, wenn diese einen nicht allzu großen Abstand haben. Ihr könnt sie durch die obere Öffnung mit dem Gartenschlauch oder auch mit Regenwasser aus der Gießkanne befüllen. Wie sie selbst gebastelt werden steht auf Seite 71.

GEMÜSEBEETE MULCHEN UND HACKEN

Unsere Gemüsebeete haben einen idealen, vollsonnigen Standort, doch der leichte Sandboden trocknet sehr schnell aus. Daher bekommen alle Gemüsebeete, sobald die Jungpflanzen einige Zentimeter groß sind, eine dicke Mulchschicht aus Heu oder Grasschnitt.

Vorteile des Mulchens

- Mulch schützt den Boden vor Austrocknung.
- Mit richtigem Mulchen kann man bis zu zweimal gießen pro Woche sparen. Schöner Nebeneffekt: Der Wasserverbrauch wird dadurch erheblich verringert.
- Wertvolle Bodenlebewesen wie Bakterien und Regenwürmer, die sich in der feuchten Erde sehr wohlfühlen, profitieren von der Verrottung des Mulchmaterials.
- Mulch unterdrückt das Unkrautwachstum, was viel Zeit beim Jäten spart.

1

2

3

1. Wenn man den Gießstab ins Beet legt und so das Wasser einige Minuten laufen lässt, kommt man nicht in Versuchung, nur eilig und oberflächlich zu gießen.

2. Gemulchte Beete sehen oft gepflegter aus als offen liegende Erde, und das mit sehr wenig Aufwand.

3. Einmal installiert, bleiben die Ollas den ganzen Sommer im Beet. Erst im Winter werden sie bis zur nächsten Saison leer und frostfrei eingelagert.

1

1. Schafwolle überdauert meist eine komplette Saison. Die Reste können im Herbst untergeharkt oder kompostiert werden.

2. Vor dem Mulchen verteile ich Hornspäne als Stickstoffreserve.

3. Gründliches Jäten im Frühjahr spart im Laufe der Saison einiges an Pflegeaufwand.

2

3

Schafwolle als Mulchmaterial

Alternativ zum Heu könnt Ihr Schafwolle zum Mulchen verwenden. Sie hat die tolle Eigenschaft, dass sie ein Vielfaches ihres Eigengewichts an Wasser speichern kann und damit das Beet besonders vor Austrocknung schützt. Zusätzlich ist die verrottende Wolle auch ein ausgezeichneter Dünger. Mittlerweile gibt es erste Produkte extra für den Garten – Ihr könnt aber auch bei einem Bauernhof mit Schafen nach Wolle fragen.

Beet vorbereiten und Mulch auslegen

Vor dem Mulchen solltet Ihr den Boden vorsichtig hacken und eventuell vorhandenes Unkraut sorgfältig entfernen. Da der aufgebrachte Mulch dem Boden bei der Verrottung Stickstoff entzieht, kann eine begleitende Stickstoffdüngung sinnvoll sein. Arbeitet daher im nächsten Schritt etwas organischen Dünger oder Hornspäne ein. Sobald alles gut vorbereitet ist, tragt Ihr eine 5 bis 10 cm dicke Mulchschicht auf, die zarten Jungpflänzchen dabei aber etwas aussparen.

Mulch und Schnecken

Gemulchte Beete können, wenn es viel regnet, ein Paradies für Schnecken sein. Wägt also ab, ob Ihr begleitend Maßnahmen gegen Schnecken treffen müsst. In Stauden- und Blumenbeeten haben sich Holzhäcksel oder gehäckselter Baumschnitt bewährt, da deren raue Oberfläche Schnecken nicht so behagt.

Hacken spart gießen

Der alte Spruch meiner Oma ist wirklich wahr. Alle paar Wochen gehe ich vorsichtig mit einem Handgrubber oder Sauzahn über alle offenen Flächen. Dadurch werden bestehende Kapillaren aufgebrochen und die Austrocknung des Bodens deutlich verringert. Gemulchte Flächen müssen nicht zwingend regelmäßig gehackt werden, im Frühjahr und Herbst beim Unkrautjäten ist ausreichend.

OLLAS SELBER MACHEN

Die Bewässerungshilfe hat in Asien und Afrika eine lange Tradition. Hier zeige ich Euch, wie Ihr sie für Euer Beet selber machen könnt.

1.

Ihr braucht 2 unglasierte Blumentöpfe mit mindestens 12 cm Innendurchmesser, 1 kleine Fliese, lebensmittelechtes Silikon und ein wenig kaltes Spüliwasser.

2.

Tragt zuerst auf der Unterseite der Fliese einen dünnen Streifen Silikon kreisförmig auf und verschließt damit das Abzugsloch des einen Tontopfs. Das zweite Loch bleibt offen, da Ihr dort später das Wasser einfüllt.

3.

Spritzt nun bei dem Topf mit dem verschlossenen Loch einen mitteldicken Silikonstreifen auf den oberen Rand und setzt den zweiten Topf genau passend darauf. Taucht einen Finger in kaltes Spüliwasser und verstreicht herausquellendes Silikon gleichmäßig. So verfugt Ihr den gesamten Spalt zwischen den beiden Töpfen. Es kann sein, dass Ihr dafür an einigen Stellen zusätzlich etwas Silikon auftragen müsst. Lasst nun alles für einige Stunden, am besten über Nacht, trocknen.

4.

Die Olla vergrabt Ihr später im Beet neben einer Pflanze. Dafür ein großes und tiefes Loch ausheben, die Olla dicht neben den Wurzeln der Pflanze positionieren und alles wieder verfüllen. Anschließend mit einem Wasserschlauch oder der Gießkanne befüllen.
Im Spätherbst solltet Ihr die Ollas aus dem Beet nehmen und einlagern, da sie durch die offene Struktur des Tons bei Frost sonst Risse bekommen können.

Unser Gemüsebeet im Mai

1

Nach den Eisheiligen geht es Ende Mai rund im Gemüsebeet. Nun können endlich auch frostempfindliche Jungpflanzen, z. B. von Tomaten, Gurken und Kürbis, ins Beet gesetzt und erste Gemüse geerntet werden.

WAS SIND DIE EISHEILIGEN?

So bezeichnet man ein Wetterphänomen, das oft Mitte Mai auftritt. Anfang Mai sind die Temperaturen in Mitteleuropa meistens bereits recht hoch. Durch Temperaturdifferenzen zwischen Festland und Ozean kann kalte Polarluft auf das Festland gedrückt werden. In sternklaren Nächten kann es dadurch zu späten Nachtfrösten kommen. Wartet daher mit dem Auspflanzen unbedingt bis Ende Mai, da z. B. bei Tomaten schon eine Frostnacht zum Absterben der Pflanzen führen kann.

ERSTES FRÜHLINGS-GEMÜSE ERNTEN

In einem milden Frühjahr können im Mai bereits die ersten Salate und schnell wachsenden Gemüsearten wie Kohlrabi, Zuckerschoten und Radieschen geerntet werden. Dadurch entstehende Lücken im Beet könnt Ihr entweder durch Nachsaat auffüllen, vorgezogene Jungpflanzen unterbringen oder, falls Ihr sie als Platzreserve für größere Kulturen, wie z. B. Brokkoli oder Fenchel, geplant habt, auch frei lassen. Im Laufe der Zeit bekommt man ein gutes Gefühl, wie viel Platz die einzelnen Arten benötigen.

Nachwachsende Gemüsearten

Bei Salaten ernte ich oft nur einzelne Blätter und lasse das Herz stehen, da die Pflanze dadurch weiterwächst und wir so dauernd mit frischem Salat versorgt sind. Auch Brokkoli und Mangold wächst nach dem Abschneiden wieder nach. Nur beim Wurzelgemüse funktioniert es leider nicht, da Ihr hier ja die komplette Wurzel erntet.

Essbare Blätter

Von vielen Wurzelgemüsen, wie z. B. von Radieschen, Süßkartoffel und Roter Bete, aber ebenso von Kohlrabi, sind auch die Blätter essbar. Ich gebe sie gerne in den Salat oder verarbeite sie zu Pesto. Dadurch wird es schon zu Beginn des Frühlings bunt und abwechslungsreich auf dem Teller.

ERSTE ERNTE

Der erste bunte Frühlingssalat ist jedes Jahr ein besonderes Highlight der Gartensaison.

2

3

1. Für Spaß und Abwechslung auf dem Teller pflanze ich gerne Salate und Wurzelgemüse mit unterschiedlichen Blattfarben und -mustern.

2. Auch Radieschen und Möhren gibt es in einer großen Farben- und Formenvielfalt.

3. Die ersten im Frühbeet oder auf der Fensterbank vorgezogenen Salate sind nun erntereif.

FROSTEMPFINDLICHE PFLANZEN

- Aubergine
- Chili
- Fenchel
- Gurke
- Kürbis
- Mais
- Paprika
- Tomaten
- Zucchini
- Sommerblumen wie Löwenmäulchen, Zinnien, Cosmea

RUND UM DIE TOMATE

DIE KÖNIGIN IM BEET

Für mich ist die Tomate die Königin im Gemüsegarten. Kaum ein Gemüse liefert über so lange Zeit konstante Erträge mit einem sehr großen Geschmacksunterschied zur Supermarktware. Neben ihrem Geschmack liebe ich auch die Farben- und Formenvielfalt meiner Tomaten.

PIKIEREN UND JUNGPFLANZEN PFLEGEN

Bei Tomaten ist das Pikieren besonders wichtig, um die Jungpflanzen kompakt zu halten. Pflanzt die Tomatensämlinge in kleine Töpfe mit ca. 7 bis 10 cm Durchmesser. In diesen verbleiben die Jungpflanzen bis zum Auspflanzen ins Freiland. Achtet beim Pikieren darauf, dass Ihr die Tomatenpflänzchen tief in die Erde setzt (bis zu den Keimblättern) und stellt sie dann ausreichend hell und möglichst nicht zu warm. Falls Ihr Pflanzenleuchten benutzen möchtet, nehmt am besten weiße LEDs, sie wirken in Wohnräumen angenehm.

STANDORT IM GARTEN

Für Tomaten wählt man den sonnigsten Standort im Garten, da sie im Halbschatten nicht gut gedeihen. Obwohl es ausgewiesene Freilandsorten gibt, kann ein Gewächshaus oder Tomatendach sinnvoll sein.

DO'S & DONT'S

Tomaten sind ziemlich pflegeleicht, wenn man ein paar grundsätzliche Dinge beachtet. Sie sind anfällig für Kraut- und Braunfäule, die besonders dann entsteht, wenn die Blätter über längere Zeit feucht bleiben. Daher sollten die Pflanzen idealerweise unter einem Dach stehen. Die Blattmasse reduziert man am besten durch Ausbrechen der Seitentriebe. So trocknen Tau, Spritzwasser und Regen schneller wieder ab. Weiter brauchen Tomaten viele Nährstoffe – man sollte sie daher regelmäßig düngen.

JEDE PFLANZE BEKOMMT EINE STANGE

Mit den klassischen Metallspiralen habe ich die besten Erfahrungen gemacht, da man den Haupttrieb ohne weiteres Zubehör im Laufe des Sommers immer wieder ein Stück eindrehen und so die Pflanzen gerade nach oben leiten kann. Zudem setze ich jeweils zwischen 2 Pflänzchen eine selbst gemachte Olla (siehe S. 71) und gebe eine Handvoll Hornspäne mit ins Pflanzloch. Zum Schluss fülle ich das Loch auf und mulche das komplette Beet.

TOMATEN EINPFLANZEN

Pflanzt Tomaten erst nach den Eisheiligen direkt ins Beet. Ihr solltet sie vorher schon langsam abhärten, bei Nachtfrostgefahr müsst Ihr sie aber auf jeden Fall ins Haus holen können. Setzt die Tomaten beim Auspflanzen erneut etwas tiefer und haltet einen Abstand von mindestens 60 cm zur Nachbarpflanze ein. Auch wenn es verlockend ist, noch 1 bis 2 Pflanzen mehr ins Beet zu quetschen: wenn sich die ausgewachsenen Tomaten gegenseitig berühren, trocknen sie nach dem Regen schlechter ab, was sie anfälliger für Krankheiten macht.

TOMATEN ANBINDEN UND AUSGEIZEN

Tomaten neigen dazu, zwischen dem Stängel und den Blättern viele Seitentriebe zu bilden. Diese solltet Ihr konsequent ausgeizen (vorsichtig ausbrechen), da sonst schnell ein undurchdringlicher Dschungel entsteht. Manche Fachleute geben den Rat, den Haupttrieb der Tomate im Herbst zu kappen, damit die unteren Früchte besser nachreifen. Ich habe damit gute Erfahrungen gemacht.

TOMATEN DÜNGEN

Tomaten sind Starkzehrer und brauchen viele Nährstoffe, man sollte sie also regelmäßig düngen. Ich nutze dazu gerne einen Langzeitdünger aus Schafwolle. Ihr könnt ebenso anderen organischen Dünger nutzen oder regelmäßig mit selbst angesetzter Brennnesseljauche gießen (siehe S. 24).

Die Reife der Tomaten erkennt man an der Farbe. Am Stiel gibt es eine „Sollbruchstelle“, an der Ihr die Früchte einfach abklicken könnt.

SORTENEMPFEHLUNG FÜR EINE BUNTE TOMATENVIELFALT

'Black Cherry' – dunkelrotbraune Cherrytomate mit langen Rispen und zuverlässigem Ertrag
'Brandywine Pink' – köstliche Fleischtomate aus den USA, bei der eine Scheibe genau auf ein Hamburgerbrötchen passt
'Fahrenheit Blue' – Cherrytomate mit apartem Farbverlauf von Lila nach Gelb
'Tigerella' – orange-rot gestreifte Tomate normaler Größe
'Prinz Tschernij' – alte robuste russische Fleischtomate mit sehr aromatischem Geschmack
'Yellow Pearshaped' – reich tragende, gelbe und birnenförmige Cherrytomate

TOMATEN-SAATGUT GEWINNEN

Tomaten-Saatgut lässt sich leicht selbst gewinnen. Dazu kratzt man die Kerne aus einer vollreifen Tomate, gibt sie in ein feines Sieb und spült die umgebende glibberige Masse ab. Dann die Samen auf einem Backpapier für einige Tage trocknen lassen. Falls Ihr die (keimhemmende) Schutzschicht komplett entfernen möchtet, gebt die Samen für 2 bis 3 Tage in ein Gläschen mit Wasser und spült sie danach durch ein Sieb komplett weg.

3 TIPPS ZUM VORZIEHEN

- Falls Ihr kein sehr sonniges Fensterbrett habt, sät Tomaten erst Anfang April aus, so müsst Ihr sie nicht zu lange im Zimmer kultivieren.
- Sät nicht zu viele Exemplare pro Sorte aus – sie sind später schwer unterzubringen.
- Sucht Euch 1 bis 2 Klassiker mit hohem Ertrag aus, die Euch den ganzen Sommer über versorgen und kombiniert diese mit 2 bis 3 besonderen Sorten. Es gibt so tolle Farben (Blau, Grün, Gelb) und Formen (Fleischtomaten, Mini-Tomaten, Flaschentomaten)

Zeitsparend gärtnern

Schrebergarten 1 × 1

DER PFLEGELEICHTE GARTEN
Ich bin durch die Entfernung, meinen Job und andere Verpflichtungen meistens nur einmal pro Woche nachmittags und an den Wochenenden im Garten. Dann möchte ich natürlich nicht die komplette Zeit arbeiten, sondern auch entspannen.

WELCHE TÄTIGKEITEN VERURSACHEN DIE MEISTE ARBEIT?
- Gießen
- Unkraut jäten
- Rasen mähen
- Hecke schneiden
- Fallobst auflesen
- Laub rechen

8 TIPPS FÜR EINEN PFLEGELEICHTEN GARTEN
- Plant Euren Garten standort- und bodengerecht. Pflanzen, die einen geeigneten Boden, die richtige Menge Sonnenlicht und passende Klimaverhältnisse vorfinden, wachsen deutlich besser und brauchen weniger Pflege.
- Plant an einem gut sichtbaren Platz ein blühendes Staudenbeet mit robusten Sorten. So habt Ihr immer einen hübschen Farbtupfer im Blick, der nach dem Anlegen kaum noch Arbeit macht und Euch sogar mit Schnittblumen versorgt.
- Vermeidet in Staudenbeeten offene Flächen, da sich dort Unkräuter leicht ansiedeln und vermehren können. Pflanzt hier am besten pflegeleichte Bodendecker wie Storchschnabel oder mulcht die Fläche mit Häckselgut.
- Definiert einige ordentliche Stellen, z. B. einen Bereich, auf den man immer schaut, wenn man auf der Terrasse sitzt. Drückt dafür im restlichen Garten auch mal ein Auge zu.
- Vermeidet Gartenwege mit kleinteiligem Belag wie Kies oder Schotter, da diese nicht gut gefegt werden können und Fallobst oder Herbstlaub hier mühsam einzeln aufgelesen werden muss.
- Mulcht auch die Gemüsebeete, da Ihr weniger jäten und vor allem viel weniger gießen müsst.
- Gestaltet die Rasenfläche so, dass sie sich schnell mähen lässt, also idealerweise nicht zu kleinteilig und verwinkelt, da vor allem die Rasenkanten Arbeit machen. Wählt bei Neuaussaaten eher robuste Sorten, da sie auch starke Beanspruchung verzeihen.
- Erspart Euch ggf. das Pflanzen von großen Obstbäumen. So wunderbar sie auch sind, alles hat seinen Preis. Wer wie wir einen alten Apfelbaum mitten im Garten stehen hat, ist im Sommer ständig damit beschäftigt, Fallobst aufzulesen.

AUTOMATISCHE BEWÄSSERUNG

Gerade in trockenen Sommern kann das Gießen im Schrebergarten zur Qual werden. Ich habe daher an einigen Stellen eine automatische Bewässerung und Bewässerungshilfen installiert, die uns das Leben unheimlich erleichtern. Der Garten kommt selbst im Hochsommer gut eine Woche ohne uns aus. Dazu habe ich eine Bewässerungsuhr an unsere Wasserleitung angeschlossen (siehe Bild), die über einen 6-fach-Wasserverteiler alle Gemüsebeete automatisch gießt. Die Verteilung erfolgt über einfache Gartenschläuche und kleine Regner, die jeweils einen Bereich bewässern und je nach Bedarf schnell an anderer Stelle montiert werden können.

BEWÄSSERUNG MIT OLLAS

In unseren Hochbeeten habe ich Ollas vergraben, die über mehrere Tage eine Grundversorgung mit Wasser gewährleisten (siehe S. 68). Sie sparen gerade in sehr heißen Perioden wirklich viel Arbeit.

AUSBREITUNG VON UNKRAUT VERMEIDEN

Solange Unkraut im Garten nicht die Oberhand gewinnt, ist es eigentlich kein Problem. Wenn wir unerwünschte Pflanzen aber längerfristig einfach wachsen lassen, werden sie sich mit der Zeit jedoch entweder über Ausläufer (z. B. Giersch, Ackerschachtelhalm) oder über Samen (z. B. Löwenzahn, Vogelmiere) vermehren. In meinem Garten jage ich nicht jedem Halm hinterher, jäte aber je einmal im Frühling und Herbst ausgiebig alle Flächen und sorge dafür, dass unerwünschte Pflanzen möglichst nicht in die Blüte kommen oder dass sich keine Samen im Garten verteilen. Dazu schneide ich Blüten ab und gebe sie konsequent in den Müll – nie auf den Kompost! Wurzelunkräuter, bei denen die komplette Wurzel aus dem Boden entfernt werden muss – da sonst jedes Teilstück zum neuen Unkraut wird – rückt man am besten mit Unkrautstechern zu Leibe.

Ein Tipp zum Jäten: Es klappt bei feuchter Erde viel besser. Deshalb gieße ich erst den Garten ausgiebig und mache mich dann mit Grubber, Handschuhen und 2 Behältern ans Werk. In einen Behälter kommen blühendes Unkraut und kranke Pflanzenteile, die gleich in den Müll wandern, und in den anderen organisches Material für den Kompost, das dort zu Humus umgewandelt und im folgenden Jahr wieder dem Kreislauf zugeführt wird.

Natürlich kann man nicht in jedem Garten alles beherzigen, wir lieben unseren großen Apfelbaum auch trotz der Arbeit, die er uns macht. Dafür habe ich Jäten und Gießen so weit optimiert, dass sie kaum ins Gewicht fallen und immer genug Zeit für einen gemütlichen Kaffee bleibt.

JUNI

GARTENAUFGABEN

- Anfang des Monats Kohlsorten für die Winterernte aussäen
- Kirschen und Erdbeeren ernten und ggf. haltbar machen
- verschiedene Beeren ernten und einfrieren oder z. B. einen Rumtopf ansetzen
- Holunderblüten ernten
- bis Ende des Monats Rhabarber ernten
- ggf. Nützlinge gegen Apfel- und Pflaumenwickler ausbringen
- Aussaaten und Jungpflanzen regelmäßig bewässern
- nährstoffhungrige Gemüsepflanzen düngen
- den Garten genießen

Obst im Schrebergarten – Äpfel, Beeren & Co.

Einmal gepflanzt versorgen Euch Obstbäume und Beerensträucher jahrelang mit leckeren Früchten. Mit etwas Glück haben Eure Vorbesitzer welche gepflanzt, von denen Ihr schon im ersten Jahr ernten könnt.

1

UNSER BEERENPARADIES

Unser Garten ist ein wahres Beerenparadies mit vielen verschiedenen Sorten: Wir haben verschiedenfarbige Johannisbeeren, Stachelbeeren, Himbeeren, Brombeeren, Heidelbeeren, und natürlich Erdbeeren (siehe S. 100 f.). Weiter Taybeeren (Kreuzung aus Brom- und Himbeere), Jostabeeren (Kreuzung aus Stachel- und Johannisbeere) und sogar Gojibeeren.

Beerensträucher auswählen

Hier könnt Ihr kaum etwas falsch machen, kauft nur möglichst mehltauresistente Sorten. Stellt Euch einfach ein buntes Beerenbuffet zusammen, mit allem was Euch schmeckt. Die meisten Beeren tragen schon im Jahr nach der Pflanzung. Wenn Ihr bei Himbeeren eine Sommer- und eine Herbstsorte pflanzt, könnt Ihr sogar über viele Monate ernten – das funktioniert bei vielen Beerenarten, wenn Ihr früh-, mittel- und spätreifende Sorten anbaut. Beeren werden als Bäumchen oder als Strauch angeboten, bei Stämmchen kann man bequemer ernten – dafür verjüngen sich Sträucher immer wieder durch neue Triebe. Heidelbeeren brauchen einen sauren Boden und einen halbschattigen Platz. Pflanzt sie also in ein speziell vorbereitetes Beet, das Ihr am besten ca. 30 cm tief ausschachtet und mit saurer Rhododendronerde auffüllt.

Pflegetipps

Viele Beerensträucher tragen vor allem an den Trieben des Vorjahres. Um immer wieder neuen Austrieb anzuregen, schneidet Ihr die ältesten 2 bis 3 Triebe im zeitigen Frühjahr bodennah ab (bei Stämmchen nah am Kronenansatz). Während frühe Him- und Brombeeren am Trieb des Vorjahres tragen – entfernt daher nur die abgeernteten Ruten direkt nach der Ernte – wachsen die Früchte von Herbsthimbeeren immer an den frischen Trieben. Schneidet sie daher zum Saisonende komplett herunter.

Beeren verwenden

Wir essen viele Beeren direkt im Garten – zu Eis, Joghurt oder Porridge. Sie eignen sich aber natürlich auch für die Herstellung köstlicher Marmeladen oder als Kuchenbelag. Mein persönlicher Favorit ist ein selbst angesetzter Rumtopf, den wir jedes Jahr im Advent als Erinnerung an den Sommer genießen.

OBSTBÄUME FÜR JEDEN GESCHMACK

Falls Ihr überlegt, einen bestehenden Obstbaum zu fällen, wartet mindestens eine Ernte ab und kostet die Früchte. Gerade in Schrebergärten finden sich viele interessante und rare Sorten. Bestimmt wartet die eine oder andere Überraschung auf Euch! Fragt nach, ob jemand

2

3

4

TIPP

Gerade im Sommer des ersten Standjahres brauchen Bäume regelmäßige Wassergaben. Ältere Bäume sollte man düngen und regelmäßig schneiden - sie danken es mit besseren Ernten und einer längeren Lebensdauer.

die genauen Sorten Eurer Obstbäume kennt. Das kann Euch später dabei helfen, z. B. den richtigen Erntezeitpunkt oder die Lagerfähigkeit von Äpfeln zu beurteilen. Wendet Euch dafür im Zweifelsfall sogar an einen Pomologen-Verein (Apfelspezialisten).

Obstbäume auswählen

Lasst Euch in einer auf Obst spezialisierten Baumschule beraten und inspirieren, welcher Baum gut zu Eurem Standort passt. Oft entdeckt man alte Sorten, die man im Supermarkt noch nie gesehen hat. Erkundigt Euch, ob die Wunschsorte in Eurer Region gut gedeiht und entscheidet anhand der Grundstücksgröße und der Bodenbeschaffenheit, ob Ihr einen Buschbaum (bei dem es keinen richtigen Stamm, sondern mehrere buschige Äste gibt), einen Halbstamm (kurzer Stamm mit Kronenansatz bei 100 bis 130 cm) oder Hochstamm (Gesamthöhe bis zu 10 m) pflanzt. Stellt Euch dabei unbedingt die Größe des Baumes in 10 bis 15 Jahren vor!

Im Schrebergarten sind meist Halbstämme sinnvoll, da Hochstämme sehr viel Platz brauchen (über 4 m Höhe sind oft nicht erlaubt), ihre Energie ins Größenwachstum stecken und daher oft erst nach ca. 10 Jahren die ersten Früchte tragen. Auch unter einem Halbstamm kann man noch gut mit dem Rasenmäher entlangfahren. Ein Trend geht zu Säulenobst, das wenig Platz braucht – ich mag es nicht so gerne, hauptsächlich da mir die natürliche Baumform viel besser gefällt.

1. Direkt vom Baum schmeckt Obst einfach am besten.

2. Johannisbeeren sind am Strauch recht lange haltbar. Wir ernten sie daher den ganzen Sommer über nach Bedarf - sie lassen sich aber auch sehr gut einfrieren.

3. Mein Lieblingsfrühstück im Garten: Joghurt oder warmes Porridge mit frischen Beeren.

4. Himbeeren kann man nie zu viele haben.

1

1. Schlupfwespenlarven werden auf kleinen Pappkarten geliefert, die man bequem in den Baum hängen kann.

2. Beim Anbringen von Gelbtafeln ist Vorsicht geboten: sie sind wirklich sehr klebrig.

3. In Äpfeln finden sich Würmer meist nur im Kernhaus - das umliegende Fruchtfleisch ist dann trotzdem genießbar.

2

HILFE, DA SIND WÜRMER IM OBST

Wir haben einen alten Apfelbaum im Garten, der jedes Jahr reichlich blüht. Im Juni fallen viele kleine Äpfelchen ab – man nennt das „Junifall". Der Baum entledigt sich überzähliger Früchte, um Kraft zu sparen. Unser Baum hat auch später noch reichlich Fallobst – fast alle Falläpfel haben im Kernhaus einen Wurm. Bisher schneide ich die Früchte großzügig aus und verarbeite sie zu Mus oder trockne sie. Einige Äpfel würde ich aber auch gerne lagern.

3

Apfel- und Pflaumenwickler

Bei Würmern in Äpfeln und Pflaumen handelt es sich um Larven des Apfel- und Pflaumenwicklers, eines mottenähnlichen Falters, der seine Eier in die halbreifen Früchte legt. Die Falter treten in mehreren Zyklen auf – die Flugaktivität kann man im Internet nachlesen oder die Aktivität der Männchen über Pheromonfallen kontrollieren. Befallenes Obst erkennt man an der verfrühten Reife, bei Pflaumen tropft zusätzlich ein harziger Saft aus der Frucht.
Als Gegenmittel habe ich Nützlinge (Trichogramma-Schlupfwespen) getestet. Sie legen ihre Eier in die Wickler-Larven und verhindern so eine weitere Vermehrung. Die nachfolgenden Generationen fallen kleiner aus, was sich auch im darauffolgenden Jahr bemerkbar macht. Zusätzlich könnt Ihr Pappringe am Stamm anbringen, da sich die Falter dann dort statt in der Baumrinde verpuppen. So könnt Ihr zusätzlich einige Exemplare absammeln. Wichtig ist es, befallenes Obst immer aufzulesen und möglichst aus dem Garten zu entfernen, da die Schädlinge sonst auf dem Komposthaufen überwintern. Die Maden komplett loszuwerden funktioniert nur, wenn alle Nachbarn mitziehen, Ihr könnt den Befall jedoch auf jeden Fall soweit dezimieren, dass auch für Euch noch genug wurmfreies Obst übrig bleibt.

Kirschfruchtfliege

Würmer in Kirschen stammen von der Kirschfruchtfliege, die ihre Eier ablegt, wenn die Kirschen sich von Grün zu Gelb färben. Abhilfe können Gelbtafeln schaffen, die rechtzeitig angebracht, Fliegen anlocken und fangen – leider bleiben aber auch manchmal Nützlinge dran kleben. Kleinere Bäume kann man für die Gelbphase auch vorsorglich in ein engmaschiges Insektenschutznetz (mit einer Lochgröße unter 1 mm) hüllen.

Früh blühende Obstbäume heben sich nicht nur gut vom noch eher farblosen Garten ab, sie sind auch eine wertvolle Bienenweide.

WARUM TRÄGT MEIN OBSTBAUM NICHT?

Meist kann man das Problem schon bis zum nächsten Jahr erfolgreich lösen.

Der Baum blüht nicht oder nur kaum

Wenn Ihr den Baum kürzlich radikal zurückgeschnitten habt, wurden dabei auch viele der im Vorjahr angesetzten Blütenknospen entfernt. Im Folgejahr wird der Baum wahrscheinlich wieder normal tragen. Vielleicht ist auch das Gegenteil der Fall: Bäume, die nie geschnitten werden, können vorzeitig vergreisen und bilden kaum noch Fruchtholz. Hier kann ein kräftiger Verjüngungsschnitt helfen.

Keine Früchte trotz Blüte

Wenn der Baum üppig geblüht hat, sich aber keine Früchte bilden, kann das mehrere Ursachen haben. Falls es zu späten Nachtfrösten kam, sind die Blüten vielleicht erfroren.
Wärmeliebende Obstgehölze wie Aprikosen oder Pfirsich sind besonders gefährdet, da sie sehr zeitig blühen. Diese Arten brauchen deshalb besonders geschützte Standorte.
Wenn es im Frühjahr sehr kalt ist, sind Bienen und Hummeln weniger aktiv und die Bestäubungsrate sinkt. Vielleicht fehlt aber auch eine passende Befruchtersorte. Viele Arten sind selbststeril und benötigen für die Bestäubung eine andere Sorte, die zur selben Zeit blüht. In Kleingartenkolonien hat man durch die hohe Obstbaumdichte gute Chancen, dass im näheren Umkreis ein passender Baum steht, zusätzlich kann man einzelne Zweige einer passenden Sorte in den Baum veredeln (lassen).
Im ersten Gartenjahr habe ich einen Quittenbaum gepflanzt, der im Frühjahr immer sehr verheißungsvoll blüht. Leider hat der junge Baum noch nicht genug Kraft und die Äste sind noch nicht stark genug, um die Früchte zu tragen. Die Blüten fallen daher kurz nach dem Erblühen wieder ab. Ich hoffe aber, er wird uns bald die erste eigene Quittenernte bescheren.

Ertragsschwankungen

Falls Obstbäume in einem Jahr viele und im folgenden Jahr wenige Früchte tragen, nennt man das Alternanz. Einige Apfelsorten wie 'Boskoop' und 'Cox Orange' neigen besonders dazu. Durch ausdünnen der Fruchtansätze im Frühsommer könnt Ihr diesen Effekt ggf. abmildern.

Starke Trockenheit

In sehr trockenen Jahren sollte man auch ältere Obstbäume regelmäßig gießen, da sie sonst nicht genug Nährstoffe aufnehmen und speichern können, um die angesetzten Früchte ausreifen zu lassen.

Richtig Düngen

Um einen gesunden Kreislauf im Garten zu erhalten, sollten wir dem Boden die Menge an Nährstoffen, die wir ihm durch die angebauten Pflanzen entziehen, mit reifem Kompost und Dünger wieder zuführen.

BEETVORBEREITUNG IM FRÜHJAHR

Bei der Vorbereitung im Frühjahr reichere ich alle Beete, angepasst an die geplante Hauptkultur, mit einigen Eimern Komposterde an. Stark- und Mittelzehrern gebe ich 3 bis 4 Liter pro Quadratmeter, Schwachzehrern nur ungefähr die Hälfte.

KOPFDÜNGUNG IM SOMMER

Gemüsearten, die sehr viel Blattmasse bilden (wie Kürbis oder Zucchini) oder solche, die den ganzen Sommer auf dem Beet stehen (wie Tomaten, Paprika, Auberginen und Kohl), bekommen im Juni eine sogenannte Kopfdüngung. Ihr könnt dafür einen organischen Dünger in Pulverform, Bio-Flüssigdünger oder Pflanzenjauchen verwenden. Achtet dem Grundwasser zuliebe dabei auf einen geringen Phosphatgehalt und bedenkt, dass viel nicht immer viel hilft, sondern eine Überdüngung sogar schädlich sein kann.

DÜNGETIPPS

- Der richtige Zeitpunkt ist im Sommer kurz vor und eventuell zusätzlich während der Hauptwachstumsphase.
- Der Nährstoff, der am wenigsten vorhanden ist, bestimmt das Pflanzenwachstum. Wenn z. B. Magnesium fehlt, kann das nicht durch einen Überfluss anderer Elemente ausgeglichen werden.
- Ein sichtbares Zeichen für Nährstoffmangel sind sich gelb verfärbende Blätter.
- Blütenendfäule bei Tomaten ist ein Zeichen für Kalziummangel.
- Falls Ihr zusätzlich düngt, achtet auf regelmäßige Wassergaben, damit die Nährstoffe gut aufgenommen werden können.
- Gute Dünger für regelmäßige Nährstoffversorgung und starke Blätter sind Jauchen aus Brennnesseln, Schachtelhalm und Beinwell, mit denen Ihr im Sommer alle 2 Wochen gießen könnt.
- Stickstoff steigert vor allem das Blattwachstum. Damit also nicht zu viel und nicht zu spät düngen, da neuer Austrieb an Bäumen und Sträuchern bis zum Herbst sonst nicht ausreifen kann und dieser als Folge im Winter erfrieren würde.
- Mit Patentkali als Spätsommerdüngung könnt Ihr die Blattgesundheit stärken.

EFFEKTIVE MIKRO-ORGANISMEN

Mit diesen gieße ich zusätzlich in verdünnter Form meine Beete.

PFLANZENJAUCHE – BIODÜNGER SELBER MACHEN

Aus stickstoffhaltigen Pflanzen wie Brennnesseln kann man durch Gärung wertvollen Biodünger selbst herstellen.

1.

Erntet oder sammelt ca. 1 kg frische Brennnesseln, die noch keine Samen angesetzt haben und schneidet sie klein. Im Notfall, falls Ihr keine frischen Pflanzen findet, könnt Ihr auch fertig getrocknete Pellets kaufen. Von diesen reichen jedoch ca. 200 g auf 10 Liter Wasser.

2.

Gebt die zerkleinerten Brennnesseln in einen großen Kunststoffeimer oder ein Steingefäß. Bitte kein Metall verwenden, da es mit der Jauche reagieren könnte und unerwünschte Stoffe freigesetzt würden.

3.

Übergießt die Brennnesseln mit ca. 10 Liter weichem Wasser oder Regenwasser. Deckt die Mischung mit einem Rost ab und stellt sie an einen schattigen Platz.

4.

Die Flüssigkeit wird in den nächsten Tagen einen sehr strengen Geruch entwickeln. Diesen könnt Ihr durch das Beimengen von Urgesteinsmehl deutlich abmildern.

5.

Lasst die Mischung für ca. 14 Tage vergären und rührt alle paar Tage mit einem Holzstab um. Dabei werden auch Pflanzenwirkstoffe wie Kieselsäure frei. Die Jauche ist fertig, wenn sie nicht mehr schäumt und eine dunkle Farbe angenommen hat.

6.

Siebt dann die Flüssigkeit ab. Die fertige Jauche wird im Verhältnis 1:10 mit Wasser verdünnt und kann nun als Flüssigdünger für Starkzehrer wie Tomaten, Kohl oder Kartoffeln verwendet werden. Man gießt am besten an bewölkten Tagen auf bereits befeuchte Erde.

Der passende Sichtschutz

Nach getaner Arbeit im Garten entspannen – der Traum vieler Hobbygärtner. Mit dem richtigen Sichtschutz könnt Ihr das auch ungestört von neugierigen Blicken tun.

NATÜRLICH AUS PFLANZEN

Am einfachsten ist es, wenn Ihr schon bei der Gartengestaltung Bereiche schafft, die nicht von außen eingesehen werden können. Oft reicht es, wenn einen der Sichtschutz im Sitzen verdeckt. Da in Schrebergärten meist keine hohen Außenhecken erlaubt sind, könnt Ihr z. B. im Garteninneren mit einer halbhohen Hecke, einigen Sträuchern oder einem Obstspalier einen privaten Sitzplatz abtrennen. Je nachdem, wie früh im Jahr der Sichtschutz gewünscht wird, eignen sich dafür entweder immergrüne Sträucher oder Heckenpflanzen, aber auch schnell rankendes Gemüse wie Kürbis oder andere Rankpflanzen wie Wein, Hopfen und Geißblatt, die Ihr an Schnüren hochleiten könnt. Der Sichtschutz muss im Kleingarten nicht unbedingt immergrün sein, meist ist im Winter in den Anlagen so wenig los, dass man auch ohne Sichtschutz ungestört ist. Als mobile Maßnahme könnt Ihr einen größeren, rechteckigen Kübel mit Bambus bepflanzen und diesen bei Bedarf in die Sichtachse stellen. Wenn Ihr unter dem Kübel zusätzlich noch Rollen moniert, seid Ihr sogar noch flexibler!

FESTE WÄNDE, MOBILE TÜCHER

Wenn man einen fest installierten baulichen Sichtschutz wie Matten oder Holzwände installiert, sollte man einkalkulieren, dass diese ggf. wieder entfernt werden müssen. Ihr könnt aber z. B. einen Holzrahmen bauen und an diesem für die Zeit, in der Ihr ungestört in der Sonne liegen möchtet, Tücher befestigen. Je nachdem, wo Eure Laube positioniert ist, kann auch sie als Sichtschutz dienen. Wenn es die Gegebenheiten zulassen und Ihr die Terrasse auf der abgewandten Seite der Laube platziert, könnt Ihr ungestört Kaffee trinken, während vorbeilaufende Spaziergänger den Blick in den vorderen Gartenbereich genießen können.

1

2

1. Terrasse mit immergrüner Efeuwand

2. Spalier mit üppig rankenden Brombeeren

IDEEN FÜRS GÄRTNERN MIT KINDERN

DIE KLEINSTEN GÄRTNER/INNEN

Je kleiner Eure Kinder sind, desto natürlicher werden sie ins Gärtnern hineinwachsen und es ganz normal finden, da sie vor allem durch Nachahmung lernen. Dafür kann es anfangs schwieriger sein, größere Projekte umzusetzen. Mit Kindern dauert alles etwas länger – nehmt Euch also genug Zeit. Am wichtigsten: Lasst scharfe Werkzeuge oder giftige Substanzen niemals offen stehen und siedelt Giftpflanzen wie Fingerhut in eine Ecke um, in der sich Kinder nicht (alleine) aufhalten!

GRÖSSERE GÄRTNER/INNEN

Größere Kinder solltet Ihr fragen, was sie brauchen, um sich wohlzufühlen. Wir haben z. B. festgestellt, dass unsere Kinder oft ganz andere Ideen haben als ich und dass sie mein Perfektionismus manchmal nervt. Gebt Kindern im Garten Raum für ein eigenes Projekt. Das kann ein Beet, ein Spielhaus oder eine Werkbank zum Arbeiten sein. Meine kleine Tochter liebt z. B. alles „Magische". Sie hat Freude daran, verschiedene Pflanzen zu sammeln und daraus mit Wasser und Erde „Zaubertränke" zu brauen. Dafür zeige ich ihr, welche Pflanzen giftig sind, erkläre was essbar ist und welche Blumen sie bedenkenlos pflücken kann.

Macht Euch beim Gärtnern mit Kindern immer klar, dass sie eine viel kürzere Aufmerksamkeitsspanne haben. Seid also nicht enttäuscht, wenn sie anfangs helfen wollen, aber vielleicht schnell keine Lust mehr haben.

PFLEGELEICHTE KINDERPFLANZEN

- Cocktailtomaten
- Cosmea
- Erbsen
- Erdbeeren
- Petersilie
- Pflücksalat
- Schnittlauch
- Sonnenblumen
- Veilchen

KREATIVES MIT PFLANZEN

Mit Blüten, Pflanzen und Beeren kann man auch malen, Eier oder sogar Stoffe färben. Ein schönes Projekt für einen Sommernachmittag! Es macht aber ebenso Spaß, Blüten in einer Blumenpresse zu trocknen, Pflanzenschilder aus Holz zu schnitzen oder glatte Steine zu bemalen. Seid auch hier nicht zu anspruchsvoll, Kinder wissen oft selbst am besten, was ihnen Spaß macht und entdecken die Natur auf ihre eigene Art im eigenen Tempo.

EIN KINDERBEET ANLEGEN

Gerade Kindern im Grundschulalter kann es Spaß machen, ein eigenes Beet zu pflegen. Richtet dazu gemeinsam eine eigene kleine Fläche für sie her. Am Anfang tut es schon eine Holzkiste mit etwas Erde – unsere Kinder haben mittlerweile ein Beet mit einem Quadratmeter, unterteilt in 9 Felder. Wir haben gemeinsam eine Wunschliste angelegt: Die Kinder haben mir dafür ihre liebsten Kräuter, Blumen, Gemüse sowie ihr Lieblingsobst aufgezählt und ich habe sie beraten, was pflegeleicht ist und schnell wächst.

Was ist Kleingärtnerische Nutzung?

Schrebergarten 1 × 1

Da die Pacht für Schrebergärten deutlich günstiger ist als für Erholungs- oder Baugrundstücke, gelten für sie besondere Rahmenbedingungen. Das Bundeskleingartengesetz wird dabei durch länderspezifische Gesetze ergänzt.

WAS VERSTEHT MAN UNTER KLEINGÄRTNERISCHER NUTZUNG?

Neben der Hecke wird über sie in den Vereinen wahrscheinlich am meisten gestritten – im Bundeskleingartengesetz ist sie auch nicht verbindlich definiert. Gerichtsurteile bieten aber Anhaltspunkte. Wegweisend ist das Urteil des BGH vom 17. Juni 2004. Es bildet die Basis für die allgemein bekannte „Drittel-Regelung", die heute für alle Kleingärten gilt.

DAS URTEIL LEGT DEN §1, ABS.1, NR.1 BKLEINGG FOLGENDERMASSEN FEST:

- Eine Kleingartenanlage setzt nicht voraus, dass wenigstens die Hälfte ihrer Fläche zur Gewinnung von Gartenbauerzeugnissen für den Eigenbedarf (insbesondere Obst und Gemüse) genutzt wird.
- Es genügt, wenn diese Nutzung den Charakter der Anlage maßgeblich mitprägt.
- Dies ist in der Regel anzunehmen, wenn wenigstens ein Drittel der Fläche zum Anbau von Gartenerzeugnissen für den Eigenbedarf genutzt wird. Besonderheiten, wie eine atypische Größe der Parzellen, topographische Eigentümlichkeiten oder eine Bodenqualität, die den Anbau von Nutzpflanzen teilweise nicht zulässt, können eine vom Regelfall abweichende Beurteilung rechtfertigen.

Die besagte Drittel-Regelung wird häufig falsch ausgelegt, denn sie meint keineswegs, dass auf einem Drittel der Fläche Gemüse („unter Spaten") angebaut werden muss. Zu diesem Drittel zählen nämlich ebenso ein- und mehrjährige Gemüsepflanzen und Feldfrüchte, Kräuter und Erdbeeren, aber auch Sommerblumen, Obstbäume und Beerensträucher sowie Nebenflächen wie Kompost und Regentonne.
Oft greifen zusätzlich individuelle Landesgesetze. Im Fall des Berliner Landesverbands der Gartenfreunde gilt z. B.: „Beetflächen, die mindestens 10 % der Gartenfläche einnehmen müssen, sind überwiegend als Gemüsebeete zu gestalten. Sie können teilweise oder ganz in Form von Hochbeeten angelegt sein und dies insbesondere in Abhängigkeit von der Bodenqualität." Wenn Euer Garten in einem anderen Bundesland liegt, fragt einfach bei Eurem zuständigen Landesverband nach. Gut informiert sein spart viele Streitigkeiten.

RECHENBEISPIEL PARZELLE MIT 300 QM

- 100 qm Erholung (Laube, Sitzplätze, Wege)
- 100 qm Ziergarten (Ziergehölze, Rabatten, Rasen)
- 100 qm Anbau von Gartenerzeugnissen, davon:
  30 qm „unter Spaten" (= 10 % der Gesamtfläche), davon knapp über 15 qm als Gemüsebeet (= überwiegend), ansonsten Kräuter, Erdbeeren, Sommerblumen.
  70 qm Obstbäume, Beerensträucher, Rankgewächse und kleingärtnerische Sonderflächen (Gewächshaus, Pflegewege der Beete, Komposthaufen)

Gemüse anbauen macht Spaß, und Ihr werdet bestimmt leicht auf die geforderte Fläche kommen.

Was ist eine Gartenbegehung?

Schrebergarten 1 × 1

In vielen Kleingartenanlagen gibt es einmal im Jahr eine Gartenbegehung. Bei diesem Termin besucht der erweiterte Vorstand gemeinsam mit dem Gartenfachberater nacheinander alle Parzellen. In einem Zeitfenster von jeweils 10 bis 15 Minuten wird geprüft, ob sich die Gartenfreunde an die Regeln halten. Zu diesen gehören neben der kleingärtnerischen Nutzung, die für den Erhalt und den besonderen Schutz der Kleingartenanlagen maßgeblich ist, auch die fachgerechte Entsorgung von Abwasser und Fäkalien sowie die Einhaltung der Bauvorschriften.

GARTENBEGEHUNG ALS ZEIT FÜR DIALOG

Seht die Gartenbegehung nicht als Eindringen in Eure Privatsphäre, sondern nutzt sie als Chance, mit dem Vorstand ins Gespräch zu kommen oder den Kontakt zu vertiefen. Erklärt Euer Gartenkonzept und weist darauf hin, warum Ihr Euch für bestimmte Pflanzen oder eine spezielle Beetgestaltung entschieden habt. Dadurch lassen sich viele Konflikte um zu langen Rasen oder vermeindliches Unkraut wie Brennnesseln (die Ihr vielleicht als Futterpflanze für Schmetterlingsraupen und für stärkende Pflanzenjauche anbaut) vermeiden. Wenn Ihr eine bestimmte gärtnerische Frage habt, könnt Ihr den Termin nutzen, um diese mit dem Gartenfachberater direkt vor Ort zu besprechen. Die Begehung stellt für die Anlage eine gewisse Qualitätskontrolle dar und sichert damit den Erhalt für die nächsten Jahre. Persönlich bin ich über diesen offiziellen Termin froh, da er angekündigt stattfindet und alles Wichtige besprochen werden kann. Macht Euch keine Sorgen, wenn Ihr im ersten Jahr vielleicht noch nicht so viel angebaut habt. Die meisten Vorstände haben viel Verständnis für Neueinsteiger. Sie werden Euch daher eher unterstützen als Euch Steine in den Weg zu legen.

GARTENFACHBERATER

Die Fachberater kennen sich aus mit Pflanzen, Schädlingen sowie Pflanzenschutz und sind auch außerhalb der Gartenbegehung eine gute Anlaufstelle für Eure gärtnerischen Fragen. Jede Kolonie sollte über einen Berater verfügen, der oft auch zum erweiterten Vorstand gehört. Die Ausbildung erfolgt über die Verbände, die Berater arbeiten im Verein dann ehrenamtlich und unterstützen die Mitglieder mit Tipps und Fachwissen entweder konkret und persönlich im jeweiligen Garten oder bieten Seminare an. Die Kurstermine findet Ihr z. B. im Schaukasten Eurer Anlage und in der Verbandszeitschrift Gartenfreund.

FALLS ES MEINUNGSVERSCHIEDENHEITEN GIBT

Falls Euer Vorstand eigene, vielleicht seinem persönlichen Geschmack entsprechende Kriterien aufstellt, wie z. B. „die Gemüsebeete müssen eine Umrandung aufweisen“ oder „die Anbaufläche muss vom Weg aus sichtbar sein“, dann bleibt auf jeden Fall ruhig. Weist freundlich darauf

hin, dass es dafür keine Grundlage im Bundeskleingartengesetz gibt, in dem sogar der Natur-, Umwelt- und Landschaftsschutz ausdrücklich verankert wurden. Seit einigen Jahren ist gerade auf Landesverbandsebene einiges in Bewegung, da ökologisches Gärtnern einen wichtigen Beitrag zum Klimaschutz leisten kann. Noch ein Tipp: Sobald Ihr Euch ehrenamtlich einbringt, könnt Ihr in Eurer Kolonie meist auch inhaltlich mitgestalten.

JULI

GARTENAUFGABEN

- Tomaten ausgeizen und anbinden
- Bohnen und Erbsen regelmäßig durchpflücken und ggf. Vorrat einfrieren
- Salate, Radieschen und Möhren nachsäen
- Kletterpflanzen anbinden
- kranke Pflanzenteile abschneiden und über die Mülltonne entsorgen
- Sommersträuße pflücken und ggf. Blüten pressen
- hochwachsende Stauden ggf. abstützen
- verblühte Rosen abscheiden und damit die Blühfreude anregen

GEMÜSE-PFLEGE IM SOMMER

Im Juli entfaltet der Gemüsegarten seine ganze Pracht und die Arbeit der letzten Monate zahlt sich aus. Mit genug Wasser und einigen Pflegemaßnahmen könnt Ihr mit wenig Aufwand alles am Laufen halten.

JETZT KEIN CHAOS ENTSTEHEN LASSEN

Um einen undurchdringlichen grünen Dschungel zu vermeiden, solltet Ihr stark wachsende Pflanzen wie Tomaten weiterhin regelmäßig ausgeizen und anbinden. Auch bei Gurken und Stangenbohnen könnt Ihr ab und an nach dem Rechten sehen. Wenn im Garten viel Unkraut gewachsen ist, jäte ich den Garten zusätzlich im Sommer manchmal grob durch.

FUSSPFLEGE FÜR NICHT GEMULCHTE BEETPFLANZEN

Kohl und Kartoffeln könnt Ihr nun anhäufeln (einen kleinen Erdwall aus der umliegenden Erde zusammenschieben). Das erhöht die Standfestigkeit und verhindert, dass Kartoffeln an die Oberfläche kommen und grün werden (siehe auch S. 49). Falls Eure Beete nicht gemulcht sind, solltet Ihr den Boden regelmäßig vorsichtig hacken. Das Gießwasser kann danach wieder viel besser in tiefe Schichten vordringen.

WASSER MARSCH

Gerade in den Sommermonaten ist es wichtig, die Pflanzen ausreichend mit Wasser zu versorgen, da die Pflanzen die Nährstoffe sonst nicht gut aufnehmen können und dann ggf. die Produktion von Früchten einstellen. Durchdringendes Gießen kann hier Abhilfe schaffen. Frische Aussaaten, z. B. um entstandene Lücken im Beet zu füllen, solltet Ihr bis zur Keimung gut feucht halten, und auch der Komposthaufen freut sich jetzt von Zeit zu Zeit über eine Kanne Wasser.

SCHÄDLINGSKONTROLLE

Ich mache am Anfang jedes Gartenbesuchs einen kleinen Rundgang, bei dem ich auch nachsehe, ob Kohlweißling & Co. irgendwo ihre Eier abgelegt haben, insbesondere in den Beeten, die vielleicht nicht mit einem Kulturschutznetz ausgestattet sind. Oft kann man solche Gelege, durch Abnehmen des befallenen Blattes oder vorsichtigem Zerdrücken, problemlos entfernen und damit böse Überraschungen vermeiden.

REGELMÄSSIG ERNTEN

Denkt dran, beim Rundgang durch den Garten auch regelmäßig zu ernten. Zarte Himbeeren werden beispielsweise so schnell überreif, dass sie bis zum nächsten Gartenbesuch vielleicht schon verdorben sind. Zucchini schmecken viel besser, wenn sie noch kleiner sind, und Erbsen oder Bohnen produzieren nur reichlich Schoten, wenn man sie regelmäßig durchpflückt.

Pflanzen gegen Krankheiten schützen

Krankheitserreger lassen sich u.a. an den Blättern ablesen: Wenn diese verfärbt, fleckig, gekräuselt oder eingerollt sind, liegt meist etwas im Argen – kräftige Pflanzen sind deutlich widerstandsfähiger gegen Krankheiten.

NICHT ZU GUT MEINEN – MIT WASSER UND NÄHRSTOFFEN

Stagnierendes Wachstum oder vertrocknete Spitzen können Zeichen für Krankheiten sein. Welke Pflanzen leiden oft nicht unter Wassermangel oder Schädlingen, sondern häufig unter Staunässe oder Pilzkrankheiten.
Achtet darauf nicht zu überdüngen, da weiche Blätter, wie sie bei zu großen Stickstoffgaben gebildet werden, anfälliger sind.

GUTER STANDORT UND ROBUSTE SORTEN

Das Bekämpfen von Pflanzenkrankheiten kann – gerade wenn man biologisch gärtnert und keine Chemie einsetzen möchte – langwierig und frustrierend sein. Denkt daher am besten schon bei der Auswahl der Pflanzen an einen geeigneten Standort. Bei manchen Pflanzenarten, wie z. B. Stachelbeeren, gibt es zudem Sorten, die durch Züchtung gegen gängige Erreger (z. B. Mehltau) resistent sind.

STÄRKENDE BRÜHEN

Sprüht diese am besten morgens oder abends, da es bei praller Mittagssonne sonst zu Verbrennungen auf den Blättern kommen kann.

BRÜHEN MACHEN PFLANZEN STARK

Wusstet Ihr, dass Pflanzen die Nährstoffe auch über die Blätter aufnehmen? Zur Stärkung könnt Ihr Schachtelhalm- oder Knoblauchbrühe ansetzen und Eure Sorgenkinder damit einsprühen. Ähnlich wie bei der Brennnesseljauche (siehe S. 85) ernte ich einige große Büschel der Ausgangspflanze (bzw. die Zehen beim Knoblauch), zerkleinere sie und weiche sie in 10 Liter Wasser ein, gieße sie aber schon nach 2 bis 3 Tagen wieder ab. Diese Brühe könnt Ihr nun in einer 1 : 10-Verdünnung auf die komplette Pflanze spritzen. Dazu reichen leere Haushalts-Sprühflaschen, es gibt aber auch praktische Pumpflaschen im Baumarkt oder Gartencenter.

PFLANZENKRANKHEITEN

MEHLTAU

Mehltau befällt sowohl Zier- als auch Nutzpflanzen. Den Echten Mehltau erkennt man an einem weißlichen, abwischbaren Belag auf den Blättern, der sich recht schnell ausbreitet – Fachleute sagen zu ihm auch „Schön-Wetter-Pilz“, da er gerne bei diesen Bedingungen auftritt. Es gibt mittlerweile auch einige resistente Sorten. Wenn ich einen Befall feststelle, entferne ich kranke Pflanzenteile und spritze alle 2 bis 3 Tage mit einer Mischung aus Milch und Wasser im Verhältnis 1:10.

MONILIA

Sie wird auch Spitzendürre genannt und äußert sich im Absterben der Triebspitzen sowie durch faulige Früchte bei Stein- und Kernobst, wie z. B. Kirschen und Pflaumen, aber auch Äpfeln und Quitten. Schon während der Blüte beginnen die Triebe zu welken. Schneidet, wenn Ihr einen Befall erkennt, bis ins gesunde Holz zurück. In feuchten Sommern befällt der Pilz bei mir im Garten auch die reifenden Pflaumen. Ich dünne diese vorsorglich aus, damit sie sich nicht berühren und schneller abtrocknen. Befallene Früchte (mit kreisrunden, weißen Polsterchen) beseitige ich aus dem Garten, da der Pilz auf diesen Fruchtmumien sonst überwintern würde.

WIE ENTSTEHEN SIE?

Viele Pflanzenkrankheiten werden von Pilzen verursacht, die sich über Sporen vermehren und z. B. bei warmem, feuchtem Wetter ideale Bedingungen vorfinden. Die Pilze, Viren und Bakterien werden u.a. über saugende Insekten, verunreinigten Boden und durch den Wind übertragen. Wenn man sie nicht behandelt, können sie sich im ganzen Garten ausbreiten.

SCHORF

Es handelt sich um einen Pilz, der vor allem Äpfel und Birnen befällt. Der Erreger überwintert auf Herbstlaub, aber auch an frischen Trieben. Im Frühling werden die Sporen durch den Wind verbreitet und infizieren feuchte Blätter. Später gehen sie auch auf die Früchte über, auf der sich raue, braune Kreise bilden. Die Ernte wird geschmacklich nicht beeinträchtigt, allerdings ist das Obst nicht so lange lagerfähig. Vorbeugen kann das Besprühen mit Ackerschachtelhalmbrühe und das Entfernen befallenen Laubes und kranker Triebe.

KRAUTFÄULE

Gefürchteter Pilz, der im schlimmsten Fall die komplette Tomatenernte vernichtet. Einen Befall erkennt man am weißen Belag und den schnell zusammenschrumpelnden braun verfärbten Blättern. Wie viele Pilze vermehrt er sich besonders gut bei Feuchtigkeit. Es ist daher wichtig, Tomatenpflanzen vor anhaltendem Wasser von oben zu schützen und gute Voraussetzungen zu schaffen, dass sie z. B. nach Regen schnell wieder abtrocknen. Entfernt bei Tomaten vorbeugend die unteren Blätter, da der Pilz im Boden lebt und bei jedem Gießen von dort auf das nahe Blattwerk spritzen kann.

ROST

Auch ihn hatte ich glücklicherweise bisher nicht im Garten. Man erkennt ihn u.a. an Blättern, die mit kleinen rostbraunen Flecken übersät sind und auf der Unterseite rote Sporen bilden. Rostkrankheiten springen schnell von einer Pflanze zur nächsten und überwintern häufig auf Zwischenwirten, wie beispielsweise Wacholder. Vorbeugend helfen hier die gleichen Maßnahmen wie gegen den Sternrußtau.

GRAUSCHIMMEL

Ich habe ihn bisher vor allem auf Erdbeeren kennen und fürchten gelernt. Die Blätter und Früchte befallener Pflanzen sind mit einem grauen Schimmelrasen übersät und dadurch ungenießbar. Da auch er bei anhaltend feuchter Witterung auftritt und vor allem schwache und überdüngte Pflanzen befällt, solltet Ihr auf ausreichende Pflanzabstände und sparsamen Umgang mit stickstoffhaltigem Dünger achten.

STERNRUSSTAU

Ihn kenne ich bisher glücklicherweise nur in der Theorie. Wahrscheinlich, weil ich nur wenige Rosen im Garten habe, die er wohl am liebsten befällt. Die Blätter bekommen auf der Oberseite schwarzbraune Flecken, die sich ausbreiten, und wie der Name sagt, sternförmig auslaufen. Im fortgeschrittenen Stadium verfärben sich die Blätter gelb und fallen ab. Vorbeugend helfen: morgendliches Gießen nur im Wurzelbereich, gute Durchlüftung zwischen den Pflanzen und somit auch regelmäßiges Auslichten, eine Spritzung mit Schachtelhalm- oder Knoblauchbrühe.

SO VERMEIDET IHR – ÜBERTRAGUNGEN – VON KRANKHEITEN

- Anfällige Pflanzen nicht zu dicht pflanzen, damit sie nach Regen schnell wieder abtrocknen.
- Möglichst nicht über die Pflanzenblätter, sondern hauptsächlich im Wurzelbereich gießen.
- Gartenwerkzeuge (vor allem Scheren und Sägen) nach der Benutzung bei kranken Pflanzen unbedingt reinigen und mit Alkohol desinfizieren.
- Blumentöpfe und Pflanzstäbe am Ende der Saison gut reinigen.
- Fallobst und verschrumpelte Früchte regelmäßig absammeln und aus dem Garten entfernen.
- Kranke Bäume oder Sträucher großzügig und bis ins gesunde Holz zurückschneiden.
- Befallene Pflanzenteile gehören in den Müll, da sich Krankheiten und Schädlinge sonst über den Komposthaufen später im Garten verbreiten können.

Ernteglück

Nach all den Wochen der Pflanzenpflege beginnt nun die lang ersehnte Erntezeit und reife Tomaten, Kirschen oder Pflaumen scheinen uns schon zu begrüßen, wenn wir durch das Gartentor treten.

BRAUCHE ICH WERKZEUG?

Viele Früchte, wie Bohnen, lassen sich leicht mit Daumen und Zeigefinger abknipsen. Gemüse mit dicken Stielen wie Kohl oder Zucchini ernte ich gerne mit einem scharfen Messer oder einer Gartenschere.

RICHTIG ERNTEN

Viele Pflanzen wie Bohnen, Erbsen, aber auch Zucchini müssen regelmäßig beerntet werden, um neues Wachstum und neue Blüten anzuregen. Wenn man nicht regelmäßig durchpflückt, stellen sie die Produktion oft sogar ein.

Welche Tageszeit ist die beste?

Wenn man einen Gärtner nach der besten Tageszeit für die Ernte fragt, wird dieser wahrscheinlich „morgens" sagen, da die Pflanzen dann volle Wasserspeicher haben und entsprechend knackig sind. Ich ernte im Garten aber oft erst, wenn wir kochen oder einen Salat machen wollen bzw. kurz bevor wir nach Hause fahren. Erntet am besten nicht zu viel auf einmal und lagert Eure Sachen, solange Ihr noch im Garten seid, ggf. im Kühlschrank. Im Warmen werden sie sonst sehr schnell welk.

Welche Pflanzenteile soll ich ernten?

Wir essen von Gemüsepflanzen nicht die gleichen Teile. Während wir bei Tomate und Paprika die Früchte essen, die Blätter aber links liegen lassen, essen wir bei Möhren und Radieschen die Wurzeln und bei Salat, Spinat und Mangold nur die Blätter. Schon verrückt, wie sich das etabliert hat, obwohl von einigen Pflanzen auch andere Teile essbar wären. Wichtig: Das gilt nicht für Kartoffeln und Tomaten! Während in der Landwirtschaft aus logistischen Gründen meist die kompletten Pflanzen geerntet werden, können wir uns im Garten bei vielen Sorten zunutze machen, dass sie nachwachsen, solange wir beim Ernten die Wurzeln in der Erde lassen (Pflanzenbeispiele siehe auch S. 72).
Auch Kräuter, wie z. B. Schnittlauch oder Petersilie, wachsen immer wieder nach. Ich schneide sie deshalb regelmäßig zurück, hacke die Kräuter und friere sie ein oder hänge sie als Bündel zum Trocknen auf. So habe ich auch im Winter immer verschiedene Kräuter zum Würzen griffbereit. Achtet besonders bei Basilikum darauf, die Stängel immer in einer Blattachsel abzuknipsen.

WOHER WEISS ICH, WANN WAS REIF IST?

KARTOFFELN

Sie können geerntet werden, wenn die oberirdischen Teile welk werden – Ausnahme sind Frühkartoffeln, die dürfen auch schon mit grünem Laub raus, etwa 3 Monate nach der Pflanzung. Wenn Ihr neugierig seid, wie weit die Kartoffeln schon sind, könnt Ihr die Erde etwas zur Seite schieben und gucken, ob sich an den Wurzeln schon dicke neue Knollen gebildet haben.

KÜRBIS

Den Reifebeginn von Kürbis erkennt man zwar an der Farbveränderung, wirklich erntereif sind sie aber erst, wenn der Stiel zu vertrocknen beginnt. Wenn man mit der Ernte bis dahin abwartet, verbessert sich die Lagerfähigkeit, da sich in der letzten Reifephase die schützende Schale verfestigt.

Verschiedene Kulturen brauchen unterschiedlich lange, bis sie reif sind. Bei vielen Obst- und Gemüsesorten erkennt man das an der Farbe oder wenn man die Früchte leicht drückt und sie nachgeben. Bei manchen Sorten ist das jedoch nicht auf den ersten Blick zu erkennen und man kann den Reifezeitpunkt auch verpassen.

MÖHREN

Möhren müssen recht lange wachsen, bis sie groß und erntereif sind. Oft haben sie schon reichlich Grün ausgebildet, die Wurzel ist aber noch sehr klein. Um die Entwicklung zu prüfen, könnt Ihr mit dem Finger die Erde etwas zur Seite schieben und die Oberkante der Wurzel freilegen. Am Durchmesser lässt sich erkennen, ob Ihr schon ernten könnt oder ob Ihr besser noch abwartet.

ZUCKERMAIS

Hier solltet Ihr aufpassen, dass Ihr nicht zu spät erntet. Dann wird der Mais nämlich trocken und mehlig. Wenn die Blütenfäden an den Kolben anfangen einzutrocknen, könnt Ihr die schützende Hülle etwas zur Seite schieben und nachschauen. Erscheint ein milchig-weißer Saft, wenn Ihr mit dem Fingernagel in ein Korn hineinpiekt, sind die Kolben reif.

ZWIEBELN

Für den Frischverzehr könnt Ihr jederzeit ernten, jedoch sind die Zwiebeln erst lagerfähig, wenn das Laub beginnt einzutrocknen und dann kaum noch grüne Stellen sichtbar sind. Fachleute sagen dazu „Schlottenknick", also wenn das Laub auf dem Boden liegt. Die Zwiebeln werden dann aus der Erde gezogen und man lässt sie idealerweise noch einige Tage im Garten abtrocknen. Ich schneide das Zwiebellaub nicht ab, sondern flechte hübsche Zwiebelzöpfe. So könnt Ihr sie auch super verschenken.

BOHNEN

Busch- und Stangenbohnen, bei denen die ganze Hülse gegessen wird, sind reif, wenn sie eine ausreichende Größe erreicht haben und beim Biegen brechen. Bei manchen Sorten werden nur die getrockneten Samenkerne gegessen. Man lässt die Schoten so lange hängen, bis sie zu trocken beginnen und sich die Kerne schon deutlich abzeichnen.

Seit ich einen Garten habe, hat das Erntedankfest einen viel höheren Stellenwert für mich. Ich nehme mir daher jedes Jahr gerne einen Moment Zeit, um die Ernte auch in einem Foto festzuhalten.

KNACKIGES GEMÜSE

Einfrieren klappt natürlich auch mit Gemüse, wobei manche Arten, wie z. B. Bohnen, vorher 1 bis 2 Minuten in kochendem Wasser blanchiert werden sollten.

DIE ERNTE HALTBAR MACHEN

Eine meiner Bekannten hat letztes Jahr eine ganze Woche Ernte-Urlaub genommen. Ich finde die Idee so großartig, dass ich das auch mal ausprobieren werde. Denn egal, wie klug man die Aussaaten verteilt, am Ende staut es sich manchmal doch, z. B. wenn alle Kirschen gleichzeitig reif sind und die Beerensträucher übervoll hängen. Tomaten genießen die Sonne und geben jetzt alles, Salat kann geerntet werden und es gibt Gurken, Bohnen und Zucchini im Überfluss.
Um den Sommer zu konservieren, gibt es verschiedene Methoden, die Ernte haltbar zu machen, von denen ich in den letzten Jahren viele getestet habe. Alle basieren darauf, das Wachstum von Bakterien – durch die Obst und Gemüse verderben würden – einzudämmen oder sogar zu stoppen. Dies kann durch Hitze, Kälte, Salz, Zucker, Vakuum oder das Entziehen von Wasser geschehen.

Meine persönlichen, umkomplizierten Favoriten sind Einfrieren und Dörren, ich koche aber auch gerne Marmelade. Es ist so schön, im Herbst oder Winter die konservierten Schätze in der Küche stehen zu sehen und ab und an ein Glas aufzumachen. Ihr müsst übrigens keine teuren Einmachgläser kaufen! Ich sammle das Jahr über Gläser mit Twist-Off-Deckel, spüle sie aus und verwende sie wieder.

Einfrieren

Obst einfach nur waschen und ganz wichtig: entsteinen (gefroren kriegt man die Kerne nämlich nicht mehr raus) und ab in den Tiefkühler. Klappt super, z. B. bei Johannisbeeren. Wenn Ihr sie später portionsweise verwenden wollt, legt sie flach auf ein Backblech und schiebt es in den Tiefkühlschrank. Sobald die Beeren gefroren sind, könnt Ihr sie in eine Tüte oder Dose umfüllen und bei Bedarf jeweils die gewünschte Menge entnehmen.

1

2

3

Marmelade kochen/heiß abfüllen

Marmelade wird durch die Kombination von Zucker und Hitze haltbar gemacht. Im Glas bildet sich beim Heiß-Abfüllen ein Vakuum. Wichtig ist, dass Ihr bei den Gläsern auf Sauberkeit achtet und die Marmelade gleich nach dem Kochen umfüllt. Die Gläser müsst Ihr entgegen der landläufigen Meinung nicht auf den Kopf stellen.

Einkochen („Einwecken")

Wenn Ihr ungezuckertes Obstmus kocht und es nicht innerhalb von 3 Monaten verbrauchen könnt, solltet Ihr es auf jeden Fall zusätzlich einkochen. Das könnt Ihr im Topf machen oder im Backofen. Dazu ein tiefes Backblech in den Ofen stellen und ca. 3 cm kochendes Wasser hineingießen. Die befüllten Gläser auf das Blech stellen und ca. für 30 Minuten bei 100 °C sterilisieren. Auch Gemüse, wie z. B. Tomatensoße, sollte immer eingekocht werden. Besorgt Euch unbedingt eine Tabelle mit Arten und der empfohlenen Einkochzeit, da diese stark variiert und sich sonst im schlimmsten Fall gefährliche Keime (Botulismus) bilden könnten.

Dörren

Eine einfache Konservierungsmöglichkeit, wenn die Ernte groß ausfällt. Ich trockne alles Mögliche für einige Stunden im Dörrapparat, z. B. Tomaten, Apfelringe, Pflaumen und Grünkohl. Dörren klappt aber auch im Backofen (bei 60 °C und mittels Kochlöffel leicht geöffneter Ofentüre).

Fermentieren

Sauerkraut ist das klassische, sauer eingelegte und fermentierte Gemüse. Bei der Fermentation schaffen Milchsäurebakterien ein saures Millieu, in dem Schimmel & Co. keine Chance haben. Basis für alle Fermente sind eine 2%ige Salzlake und Luftabschluss, am besten in einem Bügelglas.

1. Früchte, wie z. B. Mirabellen, kann man auch als Kompott einkochen.

2. Zucchini mit Tahin-Meersalz-Marinade als leckere Chips gedörrt.

3. Sauerkaut muss nicht immer weiß sein – es klappt auch mit Rotkohl.

GESCHENKE AUS DER KÜCHE

Ich verschenke gerne Selbstgemachtes aus dem Garten zu Weihnachten oder als Mitbringsel. Obst, Gemüse, Blüten und Kräuter aus meinem Garten verarbeite ich zu Marmeladen, Chutneys, Kräuter- und Blütensalz, und sogar zu Naturkosmetik. (siehe S. 141)

RUND UM DIE ERDBEERE

WELCHE SORTE IST DIE RICHTIGE?

Als ich im ersten Gartenjahr ein neues Erdbeerbeet anlegen wollte, habe ich mich nach Sortenempfehlungen umgehört und von überall murmelte es 'Mieze Schindler'. Schon beim Namen war klar: Das muss die richtige sein! Auch der Background-Check war positiv: 'Mieze Schindler' ist eine vor allem im Ostteil der Republik weit verbreitete Gartenerdbeere. Sie wurde 1925 vom Gärtner Otto Schindler in der Nähe von Dresden gezüchtet und ganz romantisch nach seiner Frau benannt. Die Erdbeeren selbst sind relativ klein und wahnsinnig aromatisch – sie sind aus meinem Garten nicht mehr wegzudenken! Mieze ist leider nicht lange lagerfähig, deshalb am besten direkt in den Mund schieben.

SORTENVIELFALT KOMBINIEREN

Besonders an 'Mieze Schindler' sind ihre rein weiblichen Blüten. Achtet bei der Pflanzung also darauf, noch eine zur gleichen Zeit blühende Befruchtersorte zu pflanzen – z. B. 'Senga Sengana', die Erdbeersorte aus dem Garten meiner Oma. Von dieser braucht Ihr aber nur 1 bis 2 Pflanzen pro Beet. Ihr könnt die schöne Mieze auch mit einer mehrfach tragenden Sorte wie 'Ostara' kombinieren und dadurch die Erdbeerzeit bis in den Herbst verlängern. Im schattigen Staudenbeet habe ich zusätzlich noch einige Walderdbeeren gesetzt. Sie sind ein toller Bodendecker und kommen auch mit weniger Sonne klar.

Ein Garten ohne Erdbeeren ist für mich kein Garten. Man schmeckt bei ihnen ebenso wie bei Tomaten den Unterschied zwischen der gängigen Supermarktware und der Gartenernte besonders deutlich.

ÜBERBLICK BEHALTEN

Die einzelnen Sorten solltet Ihr unbedingt markieren, da man bei den wild wuchernden Pflanzen schnell den Überblick verliert, wer eigentlich wer ist. Für die Vermehrung über Ableger kann das später ebenfalls wichtig sein.

GUT GEBETTET

Erdbeeren heißen im Englischen nicht ohne Grund Strawberries: Um eine Verschmutzung der Beeren zu vermeiden, bettet man sie zur Fruchtreife am besten auf Stroh – nach der Ernte kommt das Stroh wieder weg. Die Mulchschicht schützt die Früchte vor Bodenkontakt, bei dem ihnen außer Dreck auch Fäulnis oder Schneckenfraß drohen würden. Da auch Schnecken Erdbeeren lieben, ergreife ich ggf. Anti-Schnecken-Maßnahmen.

ERDBEEREN SELBST VERMEHREN

Die Erträge von Erdbeeren lassen Jahr für Jahr etwas nach. Nach ca. 3 bis 4 Jahren ist es deshalb sinnvoll, ein neues Beet (an anderer Stelle) anzulegen. Obwohl man Erdbeeren theoretisch auch aussäen könnte, ist es am besten sie über Ableger zu vermehren – die liebevoll auch „Kindel" genannt werden.

1.
Markiert im Mai/Juni die am besten tragenden Erdbeerpflanzen mit Stöckchen und lasst sie 3 bis 4 Ausläufer entwickeln. Die Kindel aller anderen Pflanzen entfernt Ihr besser, da sie die (Mutter-)Pflanze nur unnötig Kraft kosten.

2.
Lasst die gewünschten Ausläufer in den kommenden Wochen in dem Mutterbeet oder daneben in kleinen Töpfchen anwachsen.

3.
Sobald die neuen Pflänzchen 4 bis 5 Blätter entwickelt haben, könnt Ihr sie abtrennen und in ein neues Beet an anderer Stelle einsetzen.

4.
Um gut zu gedeihen, brauchen Erdbeeren Platz, Sonne und reichlich Wasser. Setzt die Pflanzen daher nicht zu dicht. Für ein 120 × 80 cm großes Beet sind 8 Pflanzen ausreichend.

Kochen und abspülen

Schrebergarten 1 × 1

GARTENARBEIT MACHT HUNGRIG

Gartenarbeit und frische Luft machen hungrig und spätestens, wenn Ihr im Garten gelegentlich übernachtet, solltet Ihr Euch Gedanken über die Verpflegung machen. Wir haben in der Laube wegen des fehlenden Wasserhahns keine komplette Küche. Obwohl es umständlicher ist, genieße ich es, dort ganz anders zu kochen als zuhause. Teil fast jeder Mahlzeit ist ein bunter Salat mit frisch geernteten Zutaten oder ein Obstteller mit Beeren, Pflaumen oder Apfelschnitzen.

ES WIRD GEGRILLT

Da in unserer Kleingartenanlage viel gegrillt wird und der leckere Duft schnell „Grill-Neid" verursacht, machen wir es auch oft. Es muss nicht immer Fleisch sein – oft grillen wir auch Gemüsespieße, frisch geernteten Mais direkt in den eigenen Blättern oder Halloumi.

VORRATSHALTUNG

Wir haben im Garten einen kleinen Kühlschrank, in dem wir über die Sommersaison immer Getränke, Butter, etwas Marmelade, Senf und Ketchup stehen haben. Darüber hinaus lagern wir im Garten aber nur wenige Lebensmittel, und diese nur in fest verschlossenen Dosen, um keine Mäuse anzulocken. Eine Packung Nudeln haben wir jedoch immer „im Haus" – diese koche ich gerne zu frischer Tomatensoße oder mit Gemüse als One-Pot-Pasta direkt mit der Soße zusammen in einem Topf. Geht schnell, schmeckt lecker und macht zudem wenig Arbeit beim Abspülen. Auch unverzichtbar: eine Packung Vanilleeis im Tiefkühlfach. Eis mit einer bunten Beerenauswahl ist nämlich eine super Motivation bei Gartenarbeits-Unlust.

FRISCHE KRÄUTER FÜR ALLES

Gleich bei der Laube habe ich ein Kräuterbeet mit meinen liebsten Küchenkräutern wie Dill, Schnittlauch, Petersilie, Liebstöckel, Basilikum, Minze, Koriander, Rosmarin etc. angelegt, die ich für das jeweilige Rezept nach Bedarf ernten kann.

KOCH-AUSSTATTUNG

Seit wir Strom im Garten haben, nutzen wir ein Induktionskochfeld mit 2 Platten, auf dem wir auch heißes Wasser für Kaffee und Tee erhitzen. Super praktisch: ein Waffeleisen. Wenn Ihr den Teig schon zuhause vorbereitet, gibt es im Garten unkompliziert frisches Gebäck. Letztes Jahr ist ein Mini-Backofen bei uns eingezogen, mit dem wir Brötchen oder auch mal eine Pizza aufbacken, in dem man aber sogar einen kleinen Kuchen backen könnte. Dieses Jahr möchte ich unser Sortiment noch um einen Feuertopf erweitern, den man in die Glut des Grills stellen kann und sich so z. B. Schmorgerichte oder Backkartoffeln zubereiten lassen.
Das Kochen im Garten ist zwar etwas umständlicher, da wir dort aber einige schnelle und einfache Gerichte aus frisch geernteten Zutaten kochen, geht es trotzdem fix und macht mir immer besonders viel Spaß!

ABSPÜLEN

Aber auch das schönste Essen ist irgendwann zu Ende und es geht ans Aufräumen und Abspülen. Ich kenne einige Gärtner, die in ihrer Laube sogar über eine vollwertige Einbauküche mit Geschirrspüler verfügen. Ich finde, man braucht diesen Komfort nicht, das ist aber natürlich Geschmackssache.

Ein Projekt, das ich im Schrebergarten noch plane, ist eine fest installierte Gartenspüle mit Wasseranschluss im Freien, in der man nicht nur das dreckige Geschirr waschen, sondern auch erdige Hände und Gemüse schnell sauber machen kann. Ich habe vor, die Konstruktion selbst zu bauen, man könnte aber auch auf bereits vorhandene Elemente aus dem Baumarkt zurückgreifen. Die Spüle könnt Ihr entweder unter einem Dachüberstand platzieren oder sie gleich aus wetterfestem Material gestalten, da sie dann auch regenreiche Monate ohne Probleme überdauert.

Da wir im Bereich der Laube nur wenig Platz haben, spülen wir momentan noch in 2 Emaille-Schüsseln, die wir zu diesem Zweck auf den Terrassentisch stellen und mit warmem Wasser befüllen. Eigentlich auch eine gute und praktikable Lösung. Dreckiges Geschirr sammeln wir in einer verzinkten Box – sobald sie voll ist, bauen wir unseren provisorischen Spültisch auf. Ich könnte mir auch gut vorstellen, einen alten Waschtisch mit Emaille-Schüsseln als Gartenspüle zu nutzen, das wäre ja ein ähnliches Prinzip.

NACHHALTIGER UMGANG MIT SCHMUTZWASSER

Das ist wirklich wichtig, besonders, da viele Kleingartenanlagen in Wasserschutzgebieten liegen! Man kann das Schmutzwasser entweder in die öffentliche Kanalisation geben oder (wenn vorhanden) über die Abwassersammelgrube entsorgen, ebenso im Kanister nach Hause mitnehmen und dort ausleeren oder, wenn man wie wir konsequent nur 100 % abbaubares Öko-Spülmittel in sehr geringen Mengen verwendet, auch gelegentlich im Garten ausbringen. Wir sparen dort sehr bewusst mit Spülmittel und Geschirrverbrauch, um möglichst keine unnötigen Stoffe in den Kreislauf zu bringen.

GARTENAUFGABEN

- letzte Aussaaten von WIntergemüse und Gründüngung
- Kartoffeln ernten und einlagern
- Zwiebeln ernten
- Kräuter ernten und trocknen oder einfrieren
- Kohlpflanzen in abgeerntete Beete setzen
- Wintersalate wie Radicchio oder Endivien auspflanzen
- Fallobst aufsammeln
- erste Äpfel oder Birnen ernten
- Saatgut von Lieblingssorten trocknen
- verblühte Blütenköpfe abschneiden

AUGUST

Mein Garten hat Urlaub

Auch als Gartenbesitzer kann man im Sommer in den Urlaub fahren, dazu braucht man nur ein paar gute Tricks. Außerdem finde ich es wichtig, regelmäßig Pausen einzubauen, um den Garten zu genießen und Erfolge zu feiern.

1

DEN GARTEN URLAUBS-FIT MACHEN

Am liebsten würde ich den Garten ja mit in den Sommerurlaub nehmen. Ist doch während der Ferienzeit alles in voller Pracht und viele lang gehegte Sorten sind endlich erntereif. Aber wer weiß, vielleicht ist der Garten ja ganz froh, dass er mal seine Ruhe vor mir hat.
Mit der richtigen Vorbereitung ist es kein Problem, den Garten für 1, 2 oder sogar 3 Wochen sich selbst zu überlassen.

Vorbereiten, nachbereiten

Es lohnt sich, wenn Ihr vor der Abreise nochmal Rasen mäht, Unkraut jätet und stark wachsende Pflanzen wie Tomaten oder Gurken anbindet.
Erntet und verarbeitet ebenfalls alles an reifem Obst und Gemüse, damit es nicht während Eurer Abwesenheit an der Pflanze verdirbt. Wenn Ihr länger als 10 Tage weg seid, solltet Ihr jemanden suchen, der im Garten ab und an nach dem Rechten sieht und eventuell auch Lust hat, einiges zu ernten. Vielleicht gibt es in Eurem Bekanntenkreis ja jemanden, der gerne mal einen Schrebergarten auf Probe hätte und Euren Garten hüten mag. Seid nicht traurig, wenn jemand anderes nun Euer Obst und Gemüse isst. Einige Pflanzen, wie z. B. Bohnen oder Erbsen, stellen wie gesagt sonst sogar die Produktion neuer Blüten ein.

Wer gießt, wenn ich nicht da bin?

Um uns das Gärtnern so leicht wie möglich zu machen, habe ich schon im ersten Gartenjahr eine einfache, automatische Bewässerung angeschafft und das System nach

TO-DO-CHECKLISTE VOR DER ABREISE

- Tomaten ausgeizen und aufbinden
- Bohnen, Erbsen, Zucchini, Tomaten, Erdbeeren, Himbeeren etc. ernten
- Bewässerung planen/organisieren
- Kühlschrank, Mülleimer und Komposttoilette ausleeren
- ggf. Fallobst auflesen
- Rasen relativ kurz mähen

2

3

und nach immer weiter verbessert (siehe S. 77). Herzstück ist ein am Wasserhahn angeschlossener Bewässerungscomputer, der individuell programmiert werden kann. Wichtig war für mich ein Modell, das mit Batterie funktioniert, da wir beim Wasserhahn keinen Strom haben. Wir können bei uns an 6 Stellen zu verschiedenen Zeiten unterschiedlich lange wässern. Also z. B. morgens mit dem Rasensprenger den Rasen gießen, dann mit verschiedenen Kreisregnern oder einer Tröpfchenbewässerung die Gemüsebeete und später mit einem Sprühschlauch wasserbedürftige Sommerblumen versorgen. Weiter kann ich einstellen, ob jeden Tag gegossen werden soll oder nur alle paar Tage. Achtet bei der Auswahl auf gute Qualität bei den Schlauchverbindungen – es ist super ärgerlich, wenn während Eurer Abwesenheit etwas abgeht und eine Menge kostbares Wasser daneben läuft. In den Hochbeeten und bei den Tomaten reicht es jemanden zu bitten, die Ollas ca. einmal pro Woche aufzufüllen. Wenn einen der Garten nach dem Urlaub grün und kraftvoll empfängt, macht das Wiedersehen um so mehr Freude!

1. Gerade während der Urlaubszeit kann automatische Bewässerung eine große Erleichterung sein.

2. Wenn Menschen ohne Erfahrung Euren Garten hüten, nimmt ihnen ein Bewässerungscomputer viel Arbeit ab.

3. Ermuntert Eure Urlaubsvertretung unbedingt zum Ernten.

MACH MAL PAUSE – DEN GARTEN AUCH GENIESSEN

Trotz der vielleicht anstehenden Projekte und Pflegemaßnahmen finde ich es wichtig, den Garten auch zu genießen. Manchmal neigt man dazu, immer noch was erledigen zu wollen. Hier noch ein bisschen schneiden, da kurz gießen und dort noch schnell etwas nachsäen. Ein gemütlicher Sitzplatz mit Blick auf ein blühendes Beet statt auf die anstehenden Gartenarbeiten kann da zumindest kurzfristig Abhilfe schaffen. Damit es mir auch gelingt Pausen zu machen, plane ich diese mittlerweile gezielt ein und nehme mir etwas Nettes vor. Wir setzen uns nach einer erledigten Aufgabe gerne in die Sonne und essen ein Eis. Ich genieße es auch, mich zu einer bestimmten Uhrzeit in die Hängematte zu legen und kurz zu schlafen. Am besten ist es sogar, wenn Ihr Euch Rituale schafft. Nicht umsonst gilt in vielen Vereinen noch die heilige Mittagsruhe von 12 bis 15 Uhr – ist doch eine tolle Inspiration, in dieser Zeit die Arbeit liegen zu lassen und zu entspannen.

TIPP

Stellt Euch für bestimmte Gartenarbeiten wie Jäten einen Timer, lasst übrig gebliebene Arbeit danach liegen und macht erst beim nächsten Gartenbesuch weiter.

Etappensiege feiern

Wie wäre es im Sommer mit einem (kleinen) Gartenfest? Bestimmt habt Ihr Freunde, die schon lange mal vorbei kommen wollten. Oder vielleicht hat Euch sogar jemand im Garten geholfen? Ladet sie ein, werft den Grill an und feiert gemeinsam das Gartenglück. Es ist zur Veränderung der Perspektive total hilfreich, Menschen in den Garten zu holen, die nicht so oft da sind und Euch vielleicht rückmelden können, wie sehr sich Euer grünes Reich seit dem Frühjahr verändert hat.

Saatgut ernten

Von vielen samenfesten Sorten kann man eigenes Saatgut ernten. Das spart nicht nur Geld, bei vielen Sorten, wie z. B. Salat oder Brokkoli, ist es auch super spannend, die Blüte und die Blütenstände zu sehen und die Pflanzen dadurch viel besser zu verstehen.

SORTENREINES SAATGUT

Während gekauftes Saatgut sortenrein erzeugt wird, kann es im Garten zu einer sogenannten Kreuzbestäubung kommen. Meist ist das unproblematisch und gerade bei Blumen, wie z. B. Zinnien, können hierbei tolle neue Sorten entstehen.

WO KOMMEN DIE SAMEN HER?

Ich lasse von meinen Lieblingssorten meistens einige Früchte so lange an der Pflanze, bis sie überreif sind (Bohnen, Gurken, Kürbis), andere lasse ich so lange stehen, bis sie blühen. Sobald die Samen ausgereift sind, sammle ich diese und trockne sie. Dann kommen sie in geeignete Tütchen, mit Beschriftung und Vermerk, wann sie geerntet wurden. So sind sie bereit für die nächste Saison.

BEI WELCHEN SORTEN LOHNT ES SICH NICHT IMMER?

Einige Gemüsepflanzen, wie z. B. Möhren oder die großen Kohlarten, blühen erst im zweiten Jahr. Eine eigene Samenernte ist zwar möglich, die Pflanzen belegen dann aber sehr lange die Beetfläche.

WAS SIND KALTKEIMER?

Wenn Ihr Saatgut von Kaltkeimern (z. B. Bärlauch, Küchenschelle, Alpenveilchen) ernten möchtet, solltet Ihr die Samen vor der Aussaat zunächst einige Tage in den Kühlschrank legen, um die Keimhemmung aufzuheben.

HIER MÜSST IHR AUFPASSEN!

Bei Kürbis oder Zucchini kann die Kreuzbestäubung gefährlich werden: dann nämlich, wenn versehentlich Zierkürbisse eingekreuzt werden. Diese entwickeln oft hochgiftige Cucurbitacine, die man schnell am bitteren Geschmack erkennt. Bittere Kürbisse oder Zucchini daher auf keinen Fall essen, sondern immer sofort entsorgen.

SAATGUT TAUSCHEN

Es macht großen Spaß, die eigenen Sorten mit Freunden zu tauschen. Ich finde die Idee, einen Teil des Gartens von jemand anderem bei mir im Beet zu haben großartig – Ihr könnt also bei den einzelnen Sorten immer wieder abwechseln und jedes Jahr Neues entdecken.

1

2

1. Wenn man Radieschen blühen lässt, entwickeln sie lustige Schoten, die man auch essen kann.

2. Meine Lieblingssalate vermehre ich über die Blüte. So mache ich aus einem Salatkopf im nächsten Jahr 100 neue Salate.

GÜNSTIG GÄRTNERN

TAUSCHEN UND TEILEN

Seit einiger Zeit bin ich stolze Besitzerin eines Gartenhäckslers, den ich gerne in der Nachbarschaft auch verleihe, da man ihn ja nur wenige Tage im Jahr benutzt. Viele dieser größeren Geräte kann man sich gut teilen! Aber auch Pflanzen und Saatgut könnt Ihr mit Gleichgesinnten tauschen. Stauden lassen sich hierfür über Teilung vermehren.

GEBRAUCHT KAUFEN

Die gängigen Kleinanzeigen-Portale sind eine wahre Fundgrube für Gartenfreunde. Man findet dort viele tolle Angebote: von Baumaterialien, Werkzeug und Gartengeräten über Pflanzen bis zu komplexen Handwerkerleistungen. Es funktioniert aber auch anders herum: Für fast alles was man loswerden möchte, findet man dort einen Abnehmer. Besonders beliebt: Pflanzen zum Selbstausgraben. Ich schaue bei allem, was ich anschaffe, erst einmal, ob ich es auch gebraucht finde.

Vieles muss man nicht jedes Jahr neu kaufen. Ich habe am Anfang meines Gärtnerinnen-Seins z. B. einige Pflanztöpfe gekauft, die ich immer wieder verwende. Töpfe von Stauden hebe ich auf und nutze sie für Jungpflanzen. Auch der Kompost-Kreislauf im Garten schont meinen Geldbeutel, da ich kaum Erde zukaufen muss.

Ein Garten kann ganz schön ins Geld gehen, mit den richtigen Strategien kann man aber unnötige Ausgaben sparen.

WASSERSPAREND GIESSEN

Bei den Tipps zum Gießen habe ich es schon angedeutet: Mit der richtigen Technik, einer dicken Mulchschicht und der Nutzung von Regenwasser könnt Ihr nicht nur Ressourcen sondern auch Geld sparen.

JUNGPFLANZEN BESCHAFFEN

Ich ziehe den Großteil meines Gemüses und meiner Sommerblumen aus Samen – weil es Spaß macht und eine Menge Geld spart. Am Anfang könnt Ihr vielleicht noch nicht Euren kompletten Bedarf decken, aber einen ersten Versuch ist es wert.

Wintergemüse – frisch aus dem Beet

Auch wenn ich im Hochsommer die Gedanken an den Winter gerne noch weit wegschiebe, ist jetzt die ideale Zeit, um mit wenig Aufwand für frisches Wintergemüse aus dem Garten vorzusorgen.

KOHL & CO. FÜR ABGERÄUMTE BEETE

Ich nutze gerne abgeräumte Beete, z. B. von Salat, Möhren oder Kartoffeln, und bestelle sie mit Wintergemüse (Arten, siehe S. 113). Die Aussaat ist schnell gemacht und Ihr könnt Euch später über frische Zutaten für Eintöpfe, Suppen, Gemüsechips oder Smoothies freuen. Wenn Ihr schnell wachsende Gemüsekulturen wie Radieschen oder Salate im Juli und August auf frei gewordenen Flächen als Nachkultur aussät, haben diese gerade noch genug Zeit, um sich bis zum Spätherbst voll zu entwickeln.
Für einige Wintersorten wie Grünkohl oder Palmkohl wäre es für die Aussaat im Hochsommer zwar schon zu spät, in den Gartencentern werden aber oft noch vorgezogene Jungpflanzen angeboten, die Ihr einfach in frei gewordene Beete setzen und dann über den Winter nach Bedarf ernten könnt.

ÜBERWINTERUNG AUF DEM BEET

Eine tolle Methode, die ich dieses Jahr zum ersten Mal (unfreiwillig) ausprobiert habe, ist die Überwinterung auf dem Beet. Ich hatte Möhren und einige frosttolerante Salate etwas spät gesät. Und sie sind im Herbst nicht mehr komplett ausgereift. Da ich sie auf dem Beet habe stehen lassen, sind sie im Frühjahr gleich weitergewachsen und waren schon im April erntereif.

ACHTUNG MITESSER!

Letztes Jahr wurde mein kompletter Spinat von Vögeln gefressen. Da ich nur selten im Garten war, ist es mir erst aufgefallen, als es schon zu spät war. Mit einem hellen, lichtdurchlässigen Vlies oder einer Gitterabdeckung könnt Ihr Mäuse und Vögel meist abhalten.

BEETE IM HERBST/WINTER NICHT NACKT LASSEN

Früher dachte ich, dass die Gartensaison im Spätsommer automatisch endet. Wenn Ihr Euch und dem Garten eine Pause gönnen möchtet, dann ist das auch total o.k. Lasst nur die Beete möglichst nicht offen liegen und deckt sie entweder mit Laub oder Mulch ab.

GRÜNDÜNGUNG

Alternativ zur Laubschicht könnt Ihr auch Gründüngungspflanzen säen, von denen viele sogar noch bei kühleren Temperaturen keimen.

FERMENTIEREN – EIGENES SAUERKRAUT HERSTELLEN

Fermentieren ist eine etwas aufwändigere Konservierungsmethode. Aber es macht Spaß und man lernt viel darüber, wie früher das Haltbarmachen ohne Kühlschrank funktionierte.

1.
Verwendet nur einwandfreies Gemüse und schneidet eventuell vorhandene gammelige Stellen großzügig weg. Teilt den Kohlkopf in der Mitte und entfernt den harten Strunk. Hobelt oder schneidet dann möglichst feine Streifen.

2.
Wiegt die Menge einmal ab und gebt alles in eine große Schüssel. Fügt 2 % des Gemüsegewichts an reinem Salz (ohne Jod) hinzu und knetet alles so lange kräftig durch, bis sich reichlich Flüssigkeit bildet.

3.
Gebt nun alles in ein großes sauberes Bügelglas. So gelangt von außen keine Luft in den Behälter, die mit der Zeit entstehende Kohlensäure im Glas kann durch das Gummi aber entweichen. Falls Ihr ein Schraubglas verwenden möchtet, verschließt es bitte nur locker, damit Euch nicht nach ein paar Tagen der Inhalt um die Ohren fliegt.

4.
Befüllt das Glas maximal zu drei Vierteln und achtet darauf, dass das Gemüse komplett von der Flüssigkeit bedeckt ist. Ein ganzes Kohlblatt als „Deckel“ verhindert, dass kleine Teilchen oben schwimmen. Beschwert alles entweder mit speziellen Gewichten oder einem mit Wasser gefüllten Zipper-Beutel und stellt das Glas auf einen Untersetzer, falls in den kommenden Tagen etwas Flüssigkeit austritt.

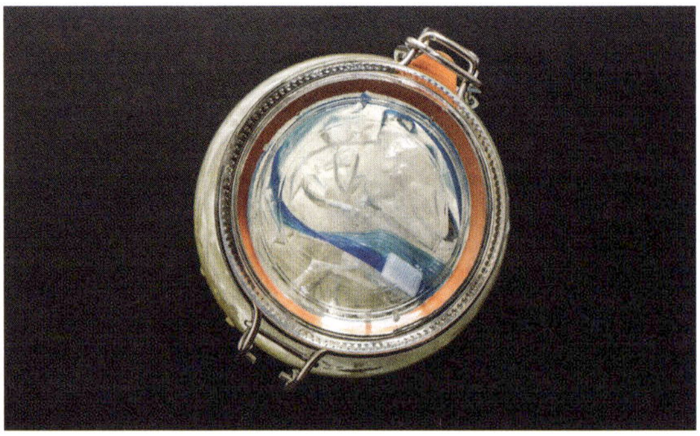

5.
Lasst Euren Fermentationsansatz nun 6 bis 8 Tage bei Raumtemperatur (aber nicht in der Sonne) stehen. Es ist normal und erwünscht, dass die Flüssigkeit trüb wird und sich kleine Bläschen bilden. Nach ca. einer Woche könnt Ihr das erste Mal probieren. Wenn das Kraut schon schön sauer schmeckt, ist es fertig und Ihr könnt es in den Kühlschrank stellen, wodurch der Fermentationsprozess gestoppt wird und es nun viele Wochen haltbar ist. Falls Ihr es noch etwas saurer haben möchtet, schließt den Deckel wieder und wartet noch einige Tage.

LIEBLINGS-WINTERGEMÜSE

RAPUNZEL-/FELDSALAT

Er wird gesät wie Spinat und kann auch im Spätherbst schon geerntet werden. Später gesäte Pflanzen überwintern auf dem Beet und sind im zeitigen Frühjahr reif. Achtet beim Saatgut einfach darauf, eine frostharte Wintersorte zu säen. Fun Fact: Er eignet sich auch als essbare Gründüngung.

MÖHREN, RADIESCHEN & CO.

Bis August könnt Ihr noch Möhren sowie andere Wurzelwintergemüse, wie z. B. Winterrettich, oder aber schnell wachsende Radieschen säen. Ich mag besonders gerne violette Möhren, die auch gekocht ihre Farbe behalten. Aber Achtung: Im bunten Eintopf färben sie ggf. ab. Karotten brauchen zwar ca. 3 Monate bis sie reif sind, überstehen aber, da sie erst im zweiten Standjahr blühen, auch kältere Temperaturen.

SPINAT

Ihr könnt ihn entweder großflächig aussäen oder in Reihen als Mischkultur mit Frühlingszwiebeln. Seid sparsam mit den Samen, da es den Pflänzchen sonst schnell zu eng wird. Spinat wächst sehr schnell und so gibt es einige Wochen später schon die erste Ernte. Wenn Ihr nur einzelne Blätter abknipst, könnt Ihr bis weit in den Winter ernten, da der Spinat nicht mehr zum Schießen (vorzeitiges Blühen bei Wärme) neigt, sobald es kühler wird.

GRÜNKOHL UND PALMKOHL

Die Klassiker unter den Wintergemüsen. Beide sind sehr pflegeleicht und dadurch auch gut für Gartenanfänger geeignet. Die Jungpflanzen solltet Ihr gleich etwas anhäufeln. Zwar wird häufig geschrieben, dass Grünkohl erst nach dem ersten Frost reif ist, ich ernte jedoch oft schon im Herbst die ersten Blätter.

WEITERES WINTERGEMÜSE

- Chicorée
- Endivie
- Radicchio
- Rosenkohl
- Rote Bete
- Schwarzwurzel
- Steckrübe
- Zuckerhut

Bin ich jetzt Vereinsmeier?

Schrebergarten 1 × 1

Das deutsche Kleingartenwesen ist in traditionellen Vereinsstrukturen organisiert. Wer da an Vereinsmeierei denkt hat einerseits recht, auf der anderen Seite besteht durch das Vereinswesen auch die Möglichkeit, sich aktiv einzubringen und tatsächlich mitzugestalten. Würden die Gärten einfach von den Gemeinden direkt verpachtet, könnte zwar jeder sein eigenes Ding machen, wäre dadurch aber auch auf sich alleine gestellt.

Mein Tipp: Bringt Euch mit Euren individuellen Fähigkeiten ein. Wenn Ihr handwerklich begabt seid, könnt Ihr helfen Dinge zu bauen, wenn Ihr Euch mit IT-Technik auskennt, einen E-Mail-Verteiler oder eine Website pflegen, wenn Ihr gerne schreibt, eine Garten-Chronik erstellen und wenn Ihr gerne singt, das Sommerfest untermalen. Im Verein wird alles gebraucht, was auch im Alltag gefragt ist: Handwerker, Anwälte, Steuerberater etc. Euch fällt bestimmt etwas ein! Oft reicht es am Anfang aber schon, bei der Gemeinschaftsarbeit tatkräftig mitzuhelfen und zum Buffet einen Kuchen beizusteuern.

Der Bundesverband der Gartenfreunde ist ein großer Verein mit starker Schlagkraft, der über regionale Landes- und Bezirksverbände organisiert ist. Die Vereins-Funktionäre machen dabei bis in die Bundesregierung für uns Lobbyarbeit, damit möglichst wenige der kostbaren Flächen in Bauland umgewandelt werden. Gerade in großen Ballungsräumen wie Berlin oder Hamburg ist das extrem wichtig, da die Flächen bei Investoren heiß begehrt sind. Oft entstehen dann nämlich gar keine bezahlbaren Wohnungen oder Schulen, sondern zusätzliche Verkehrs-Infrastruktur oder teure Eigentumswohnungen.

DIE KLASSISCHEN VEREINSÄMTER

Neben dem Vorsitzenden und den Stellvertretern hat jeder Verein einen Schriftführer und einen Kassenwart, der im Fall des Schrebergartens auch die Abrechnungen der Pacht- und Nebenkosten erledigt. Diese teilweise zeitintensiven Ämter werden meist von „alten Hasen" besetzt, die sich nicht immer unbedingt in die Karten schauen lassen wollen, mit ihren Entscheidungen aber den Spirit der Kolonie enorm bestimmen. Ihr müsst Euch nicht gleich als Vorsitzender zur Wahl stellen, um mitzuwirken. Meist bietet der Vorstand eine regelmäßige Sprechstunde an, in der Ihr Fragen stellen, Probleme klären und Eure Mithilfe anbieten könnt.

BESONDERE ÄMTER IM KLEINGARTENVEREIN

Meist gibt es Verantwortliche für die Wasser- und Stromversorgung, die sich um das Ablesen der Zähler oder den Einbau von Wasseruhren kümmern. Für die öffentlichen Wege gibt es häufig einen Wegewart. Diese Amtsinhaber koordinieren oft auch Arbeitseinsätze rund um ihr Themengebiet. Da die vorhandene Infrastruktur und die Koloniengröße je nach Verein unterschiedlich sind, kann es bei Euch natürlich auch anders geregelt sein.

Gartenfachberater/innen

Sie sind Ansprechpartner für gärtnerische Themen und geben Ratschläge rund um die Anlage und Nutzung des Gartens. Sie kennen sich aus mit Boden, Düngung und Pflanzenschutz sowie Themen des Umwelt- und Naturschutzes. Aus meiner Sicht ist der Einfluss der Gartenberater enorm, da sie Maßstäbe festsetzen und durch ihr Wirken sehr beeinflussen, ob in der Anlage eher insektenfreundliche Naturgärten angelegt werden oder eher Wert darauf gelegt wird, dass alles „ordentlich und gepflegt" ist. Die Fachberater-Ausbildung wird bei uns vom Landesverband finanziert und durchgeführt. Ich habe mich dieses Jahr angemeldet und bin schon gespannt, ob ich einen Platz bekomme.

Abschätzer/innen

Sie werden eigentlich nur gebraucht, wenn Gärten abgegeben und neu übernommen werden. Daher hat meist auch nicht jede Kolonie einen eigenen Abschätzer. In Berlin werden auch sie vom Landesverband ausgebildet und vom Bezirksverband bestellt. Sie sollen dafür sorgen, dass die Parzellenübergabe finanziell gerecht abläuft und dass die Ablöse auch einem objektiven Wert der Laube und der mit erworbenen Pflanzen entspricht. Dafür erstellen sie eine Bestandsliste und beziffern den Wert. Die ermittelte Gesamtsumme stellt den Maximalpreis für die Übergabe dar und soll Spekulationen oder einen Bieterkampf verschiedener Interessenten verhindern.

WENN DIE ALTEN SICH QUERSTELLEN

Eigentlich sollten ältere Vorstandsmitglieder akzeptieren, dass Veränderungen im Laufe der Zeit normal sind, in der Praxis sieht es leider manchmal anders aus. Auch hier kann Euch „freundliche Penetranz" weiterhelfen. Wenn die „alten Hasen" merken, dass Ihr nicht nur nörgelt, sondern auch bereit seid Euch zu engagieren, werdet Ihr bestimmt im Laufe der Zeit einen Platz am Tisch bekommen. Für die meisten Ämter bietet der BDG auch Schulungen an – nehmt dieses Angebot gerne an, man kann dort wirklich noch eine Menge lernen. Alternativ könnt Ihr natürlich auch Verein, Verein sein lassen. Dann geht Ihr vielleicht einmal im Jahr zur Versammlung und zur Gemeinschaftsarbeit, haltet die Regeln weitestgehend ein und genießt ansonsten in Ruhe Euren Garten.

SEPTEMBER

GARTENAUFGABEN

- Stauden ggf. teilen und umpflanzen
- neues Staudenbeet anlegen
- frühblühende Zwiebelblumen pflanzen
- Hecken ggf. schneiden
- Erdbeeren düngen
- Leimringe gegen Frostspannerraupen anbringen
- Rasen mähen und ggf. Kahlstellen nachsäen

Nächstes Jahr wird durchgeblüht

In den letzten Monaten habt Ihr Euren Garten schon ganz gut kennengelernt. Die Stauden und Blumen, die Euch begegnet sind, könnt Ihr nun umgestalten oder ergänzen.

BLUMENBEET PLANEN

Der Herbst ist die ideale Zeit, um den Ziergarten nach Eurem Geschmack zu ordnen oder sogar ganz neue Blumenbeete anzulegen. Man unterscheidet bei den „Blumen" zwischen Stauden, Zwiebelblumen sowie ein-, zwei- und mehrjährigen Blumen. Für die Beetgestaltung, die schon zu den anspruchsvolleren Aufgaben im Garten gehört, hilft es sehr, sich die Unterschiede und Bedürfnisse einzelner Kulturen klarzumachen. Bei der Planung eines Blumenbeetes gibt es mehrere Faktoren, die Ihr berücksichtigen solltet: Wie groß wird die Pflanze? Wann und in welcher Farbe blüht sie? Ist sie mehrjährig oder ist sie nach einem Jahr wieder verschwunden? Welchen Boden benötigt sie? Mag sie lieber Sonne oder Schatten? Wählt auch Pflanzen für den Ziergarten möglichst passend zum Standort und Wasserangebot aus. Wenn Ihr es dann noch schafft, die Blühzeitpunkte abzustimmen, gibt es von Februar bis November immer etwas zu gucken. Macht Euch damit aber am Anfang nicht zu viel Stress – Ihr könnt jederzeit ergänzen, umpflanzen und neu ordnen.

Licht und Schatten

Ihr müsst das nicht immer perfekt treffen, aber sonnenhungrige Pflanzen werden im Schatten kaum blühen, während ausgewiesene Schattenstauden in der prallen Sonne verbrennen können. Den bevorzugten Standort sieht man den Pflanzen beim Kauf oft nicht an – einige sehr schön blühende Stauden wie Helleborus oder Tränendes Herz sind z. B. Schattenpflanzen. Viele blühen im Frühjahr, wenn Gehölze noch nicht belaubt sind und dadurch auch Schattenbeete noch mehr Licht bekommen. Guckt also am besten aufs Etikett oder noch besser, macht Euch vor dem Kauf eine Liste geeigneter Sorten.

Gestaltungsprinzipien

Bei der Neupflanzung habt Ihr mehrere Möglichkeiten. Ihr könnt ähnliche Pflanzen kombinieren oder mit Kontrasten arbeiten. Wie wäre z. B. ein Beet mit schwarzhalmigem Ziergras, über dem im Sommer rosa Schleierkraut schwebt, oder ein Dahlienbeet in verschiedenen Rosatönen? Eurer Fantasie sind dabei keine Grenzen gesetzt.

Wenn Ihr Pflanzen gruppiert, ist es meist sinnvoll, höhere Stauden weiter hinten zu platzieren, damit flachere Exemplare nicht verdeckt werden. So erreicht Ihr eine Tiefenwirkung des Beetes. Alternativ könnt Ihr die einzelnen Pflanzen in regelmäßigem Rhythmus auf der Fläche durchmischen. Das sieht besonders schön aus, wenn sich höhere und niedrigere Pflanzen abwechseln.

Mit Stauden gestalten

Stauden sind mehrjährige Pflanzen, deren oberirdische Teile zwar nach Vegetationsende absterben, ihre Wurzeln treiben im Folgejahr aber wieder frisch aus. Für die Gestaltung mit Stauden solltet Ihr Euch auf jeden Fall einen Plan machen und die möglichen Kombinationen vorab einzeichnen. Es lohnt sich, in Schaugärten berühmter Gärtner zu gehen oder sich in Parks oder bei Gartenschauen inspirieren zu lassen, da in Gärtnereien oder Onlineshops meist nur die einzelnen Pflanzen gezeigt werden, die richtige Kombination aber oft den eigentlichen Reiz ausmacht. Bei Stauden zählen nicht nur die Blüten, sondern auch das teilweise wunderschöne Laub. Mit der Zeit bekommt man ein Auge für die unterschiedlichen Texturen, Formen, Grüntöne und teilweise beeindruckende Musterungen. Im Staudenbeet sind also ganz unterschiedliche Kombinationen möglich. Es wird mit Sicherheit eine Weile dauern, bis Ihr Eure optimale Mischung gefun den habt. Ich habe bei mir im Garten jedenfalls schon mehrfach umgepflanzt, Ideen entwickelt und wieder verworfen.

Da es oft einige Jahre dauert, bis neu gepflanzte Stauden zusammengewachsen sind, sehen Beete in den ersten Jahren oft noch recht kahl aus. Ihr könnt daher entweder von Anfang an dichter pflanzen und später ausdünnen oder aber in den ersten Jahren die Lücken mit schnell wachsenden einjährigen Sommerblumen auffüllen.

So geht das Einpflanzen leichter

Bei der Pflanzung solltet Ihr erst alle Pflanzen verteilen, dabei mit den schönsten, wichtigsten, größten Exemplaren beginnen und dann alle anderen platzieren. Beginnt mit dem Eingraben erst, wenn alles an der richtigen Stelle steht. Profis platzieren die Pflanzen oft in einer platzsparenden Dreiecksform ins Beet, so gehen auch die Farben und Strukturen weich ineinander über.

1

2

3

1. Die unterschiedlichen Blütenfarben von Blumen, hier Zinnien und dunkle Skabiosen, bieten auch Anfängern viele Möglichkeiten zum Ausprobieren.

2. Ich pflanze auch gerne einige Sorten, die sich gut trocknen lassen – wie diese Strohblumen – als bunten Gruß vom Sommer für die dunkle Herbstzeit.

3. Wenn Ihr Stauden vor dem Einpflanzen auf dem Beet verteilt, könnt Ihr die spätere Gesamtwirkung besser abschätzen.

MEINE LIEBLINGE IM BLUMENGARTEN

ZWIEBELBLUMEN

- Narzisse
- Schachbrettblume
- Schneeglöckchen
- Tulpe
- Zierlauch

BLUMEN FÜR DEN SCHATTEN

- Fingerhut (zweijährig)
- Helleborus (Staude)
- Herbstanemone (Staude)
- Heuchera (Staude)
- Porzellanblümchen (Staude)
- Schachbrettblume (Zwiebelblume)

LIEBLINGSBLUMEN FÜR DIE SONNE

- Akelei (Staude)
- Dahlie (mehrjährig)
- Duftwicke (einjährig)
- Eisenkraut (Staude)
- Jungfer im Grünen (einjährig)
- Löwenmäulchen (einjährig)
- Lupine (einjährig)
- Mohn (einjährig)
- Sonnenhut (Staude)
- Strohblume (einjährig)

1

Den Rand abgrenzen

Bisher steche ich die Beetkanten nur sauber ab, aber eigentlich hätte ich gerne eine schöne Einfassung aus Haselnussruten. Mit einer klaren Begrenzung sieht nämlich auch ein wildes Beet gewollt aus. Alte Ziegel, Metallstreifen oder eine kleine Kräuterhecke eignen sich ebenso als Abschluss.
Mit Frühlings- oder Herbstblumen kann man den Beeten eine tolle, jahreszeitliche Umrandung geben. Beispielsweise für den Frühling: Helleborus, Lungenkraut, Schneeglöckchen. Als Herbstumrandung machen sich Astern und Chrysanthemen gut.

PFLEGELEICHTE BLUMEN, DIE IMMER WAS HERMACHEN

Auch unabhängig von Beeten könnt Ihr Blüten in den Garten holen. Falls Ihr genug Platz habt, setzt am Eingang oder im Übergang eines neuen Bereichs einen Rosenbogen und bepflanzt ihn mit einer Ramblerrose. Sie ist super unkompliziert in der Pflege, schmückt den Bogen im Sommer mit üppigen Blüten und im Herbst mit romantischen Hagebutten. Eine zweite pflegeleichte Pflanze, mit der Ihr nichts falsch machen könnt, ist Geißblatt (auch „Jelängerjelieber" genannt). Es rankt und blüht bei mir im Garten jedes Jahr mit sich selbst um die Wette.

2

3

1. Geflecktes Lungenkraut, Kuhschelle und Schachbrettblume gehören zu meinen liebsten Kombinationen.

2. Mit Blumenzwiebeln kann man sich im Herbst eine tolle Frühlingsüberraschung pflanzen.

3. Einige Arten wie Narzissen, Wildtulpen und Schneeglöckchen verwildern und vermehren sich von selbst. Nach einigen Jahren könnt Ihr sie ausgraben und wieder neu verteilen.

ZWIEBELBLUMEN PFLANZEN

Wenn Ihr im Herbst Zwiebelblumen einpflanzt, überraschen Euch diese im nächsten Frühjahr mit tollen Blüten. Manche Arten/Sorten brauchen den Frost als Startschuss und treiben teilweise schon im Februar aus. Man unterscheidet daher 2 Arten: einmal die frostharten Frühblüher wie Tulpen, Schneeglöckchen oder Zierlauch sowie frostempfindliche Sommerblüher wie Gladiolen, die (fast alle) im Herbst herausgenommen und jedes Jahr neu gepflanzt werden müssen.

Faustregel zum Einpflanzen

Blumenzwiebeln werden oft in Gruppen, aber in einzelne Löcher gepflanzt. Eine Faustregel sagt, dass man sie etwa doppelt so tief pflanzt, wie die Zwiebeln groß sind. Ich versuche immer gleich ein Markierungsstäbchen zu setzen, da ich mich sonst meist später nicht mehr erinnere, wo ich was gepflanzt habe.

Gleichmäßig verteilen

Legt die Zwiebeln vor dem Einpflanzen auf der Fläche aus. So stellt Ihr sicher, dass sie gleichmäßig verteilt sind und Euch nicht nach der Hälfte ausgehen. Besonders schöne Blütenteppiche könnt Ihr erzielen, wenn Ihr Tulpen recht dicht setzt. Als Anhaltspunkt dient der Abstand in einem Eierkarton.

Mit der Spitze nach oben

Setzt dann die Zwiebeln mit der Spitze nach oben ins Loch. Es klappt zwar auch, wenn sie falsch herum liegen, dann müssen sie aber unnötigerweise einmal um die Kurve wachsen. Nach der Pflanzung solltet Ihr zunächst gießen und erst dann das Loch verschließen, somit wird das Wurzelwachstum aktiviert.

Pflanzkörbe bei Wühlmausgefahr

Wenn Ihr Probleme mit Wühlmäusen habt, helfen spezielle Körbe oder selbst gebastelte Körbchen aus Hasendraht. Alternativ könnt Ihr die Blumen im Haus in Töpfen vorziehen und sie dann mitsamt der Töpfe in den Garten pflanzen. In diesen lassen sie sich auch gut wieder entfernen, falls Ihr im Sommer etwas anderes ins Beet setzen möchtet.

Laube renovieren oder neu bauen

Schrebergarten 1 × 1

BIST DU NOCH GANZ DICHT?
Die Substanz bestehender Lauben kann ganz unterschiedlich sein. In manchen Gärten stehen gut gepflegte, gemauerte Häuschen – in anderen gammeln schimmelige Holzhütten mit undichtem Dach vor sich hin. Während manche (wenige) Fälle hoffnungslos sind und eigentlich nur ein Abriss und Neubau sinnvoll ist, würde ich Euch empfehlen, bei Lauben über 24 qm immer zu versuchen, den Bestand zu sanieren. Andernfalls wird der Bestandsschutz für die bestehende Größe nämlich aufgehoben und es dürfen nur 24 qm neu gebaut werden.

WAS IST EIN GUTER ZEITPUNKT FÜR RENOVIERUNGSARBEITEN?
Manche neuen Kleingärtner ackern die ersten 2 Jahre durch, haben ein großes Budget oder viele fähige Helfer und genießen dann die Zeit im Garten, während andere es eher langsam angehen und alles Schritt für Schritt erledigen. Das könnt Ihr je nach Euren persönlichen Fähigkeiten selbst festlegen. Von der Jahreszeit empfehle ich Euch Frühjahr oder Herbst. Vielleicht habt Ihr Lust, über den Winter Ideen zu entwickeln und entsprechende Pläne zu schmieden, da es, wenn es richtig kalt ist, im Garten nicht viel zu tun gibt. Diese könnt Ihr dann im folgenden Frühjahr in die Tat umsetzen.

HILFE, ICH HABE NUR GRÜNE DAUMEN!
Scheut Euch nicht, Hilfe zu organisieren. Nicht jeder ist handwerklich begabt und Ihr könnt entweder Freunde bitten Euch zu unterstützen, oder einfach entsprechende Handwerker engagieren. In vielen Kolonien gibt es auch Mitglieder, die sich freuen, wenn Sie andere – gegen einen angemessenen Obulus – bei Renovierungsarbeiten unterstützen können. Und vielleicht habt Ihr ja auch Glück und Eure Laube ist schon tipptopp.

NICHT OHNE MEINEN BAUANTRAG
Achtet bei allen geplanten Umbaumaßnahmen darauf – was z. B. Abmessungen, Materialien und Bauart angeht – die Regeln einzuhalten und ggf. einen Bauantrag zu stellen. Wenn Ihr Euch unsicher seid, fragt in der Sprechstunde des Vorstands nach, ob Ihr für Euer Vorhaben eine Genehmigung benötigt. Auf den Webseiten der Vereine oder Bezirksverbände gibt es meist Vorlagen zum Download, die Ihr ausfüllen und dann persönlich einreichen könnt.

SICH SELBST AUFS DACH STEIGEN
Wenn Ihr feststellt, dass das Dach undicht ist, könnt Ihr überlegen, ob Euch die bestehende Dachform gefällt oder ob Ihr sie ggf. ändern möchtet. Während ein Pultdach (ein

eigentlich flaches Dach mit ein paar Grad Neigung, damit das Regenwasser gut ablaufen kann) schneller gebaut ist und auch vom Materialverbrauch meist günstiger ist, dürft Ihr laut Bundeskleingartengesetz mit einem Satteldach (so wie Kinder ein Haus malen) insgesamt etwas höher bauen und könnt dadurch z. B. einen Schlafboden integrieren, durch den Ihr zusätzlichen Platz gewinnt. Falls Euer Laubendach noch mit Asbest gedeckt ist, müsst Ihr dies nicht gleich abreißen. Wenn Ihr es aber verändern möchtet, beauftragt für die Entsorgung am besten eine Fachfirma oder achtet zumindest auf schützende Einweg-Arbeitskleidung und geeignete Atemmasken.

EINE NEUE LAUBE MUSS HER – WELCHE MATERIALIEN EIGNEN SICH?

Für die Verkleidung der Laube (sowohl innen als auch außen) eignen sich atmungsaktive Naturmaterialien wie Holz. Wählt für die Außenverkleidung am besten Hölzer wie Lärche oder Douglasie, die von sich aus sehr witterungsbeständig sind. Die Außenbretter könnt Ihr zusätzlich mit einer Wetterschutzlasur versehen, die Ihr alle paar Jahre neu auftragt. Im Innenbereich reichen auch günstigere Hölzer wie Fichte oder Kiefer, die Ihr z. B. auch hell streichen könnt. Für die Dämmung würde ich Euch ebenfalls natürliche Materialien, wie z. B. Holzwolle, empfehlen, da sie eventuell aufgenommene Feuchtigkeit gut wieder abgibt. In Regionen, in denen es erlaubt ist,

könnt Ihr natürlich auch eine massive Laube aus Stein oder Ziegel bauen. Besonders aufmerksam solltet Ihr bei der Auswahl der Dachdeckung sein. Wenn Ihr im Garten Wasser in einer Regentonne sammelt, habt Ihr nämlich eventuell später Rückstände im Gießwasser. Da unsere Laube momentan noch mit Teerpappe gedeckt ist, gieße ich nur Hecke und Stauden mit Regenwasser. Langfristig wollen wir aber auf eine unbedenkliche Metalleindeckung wechseln, um dann das Regenwasser auch im Gemüsegarten verwenden zu können.

BAUSATZ ODER EIGENENTWURF

Mittlerweile gibt es eine ganze Reihe von Herstellern, die fertige Lauben-Bausätze – wahlweise mit oder ohne Montage – anbieten. Guckt Euch, falls so etwas in Frage kommt, ruhig eine Weile um. Schaut auch bei Tinyhouse-Anbietern und besucht am besten mal ein Musterhaus, um zu sehen, ob es Euch wirklich gefällt. Natürlich könnt Ihr für Eure Laube auch selbst einen Grundriss entwickeln und diesen mit einer eigenen Konstruktion umsetzen.

EINE GUTE GRUNDLAGE

Wenn Ihr ganz neu baut und keine bestehenden Strukturen weiternutzt, kann es sein, dass Ihr ein Punkt- oder Streifenfundament benötigt. Dazu wird Beton bis zur Frostgrenze (in den meisten Regionen ist diese in ca. 80 cm Tiefe) punktuell oder streifenförmig in den Boden eingebracht. Dabei werden oft direkt Halterungen, meist aus Metall, für die spätere Konstruktion eingegossen. Erkundigt Euch bei einer Fertiglaube im Vorfeld über die Anforderungen, da Beton je nach Temperatur einige Tage bis Wochen braucht, bis er durchgetrocknet und stabil ist.

DÜRFEN WIR EINE HEIZUNG EINBAUEN?

Leider dürfen in Schrebergärten keinen neuen Kaminanschlüsse genehmigt werden. Trotzdem ist es in den meisten Fällen möglich, in der Übergangszeit mit Elektro- oder Gasöfen zu heizen. Achtet dabei genau auf die Sicherheitsangaben der Hersteller. Für eine kuschelige Atmosphäre kann es sich lohnen, die Laube zusätzlich zu dämmen. Lasst Euch dabei aber von einem Profi beraten, damit durch die sich eventuell niederschlagende Feuchtigkeit nichts schimmelt.

OKTOBER

GARTENAUFGABEN

- abgeerntete Beete mit Laub abdecken
- Bäume und Sträucher pflanzen
- bei Trockenheit bestehende Pflanzungen durchdringend wässern
- Tomatenbeet abräumen
- grüne Tomaten zuhause nachreifen lassen
- Frühbeet wieder aufstellen
- Kübelpflanzen, Feigen und Rosen mit Winterschutz versehen
- Ollas aus den Beeten nehmen und einlagern
- Gartenteich mit Netz vor Falllaub schützen
- Laubhaufen für Igel aufschichten
- frostempfindliche Kräuter wie Zitronenverbenen ins Haus holen
- Kompostmiete neu aufsetzen

Bäume im Garten – welcher ist der richtige?

Einen Baum zu pflanzen, steht bei vielen Menschen auf der Liste mit Dingen, die man im Leben einmal gemacht haben sollte. Aber welcher ist der richtige im eigenen Garten?

DEN PASSENDEN BAUM FÜR EUCH FINDEN

Überlegt Euch vorab, für welchen Zweck Ihr den Baum haben möchtet. Soll er Obst tragen, sich zum Klettern eignen oder dem Garten Struktur geben? Egal ob Zierbaum oder Obstbaum (siehe S. 80 f.), wählt den Baum passend zum Klima und Eurem Boden aus. Ich träume z. B. von einem Esskastanienbaum, dieser Wunsch ist in Berlin auf Grund des Wetters jedoch leider unrealistisch.

WELCHE ARTEN UND SORTEN KOMMEN IN FRAGE?

Stellt Euch bei der Planung den Baum in 30 Jahren vor und seht entsprechend genug Platz vor. Die Art der Wurzelunterlage bestimmt die Größe des Baumes: im Schrebergarten werden heutzutage meist nur klein bleibende Bäume auf schwach wachsender Unterlage gepflanzt. Beachtet auch, welche Baumarten in Eurer Anlage erlaubt sind und berücksichtigt dabei ebenso die Farbe des Herbstlaubes als wichtiges Gestaltungselement.

ALTEN ODER JUNGEN BAUM KAUFEN?

Das Alter des neuen Gartenbewohners kann ebenso eine Rolle spielen. Jüngere Bäume leben sich zwar meist leichter am neuen Standort ein, ältere haben dafür vielleicht schon die gewünschte Größe und tragen ggf. früher Früchte, sind aber auch oft teuer und schwer zu transportieren.

GUTER ZEITPUNKT FÜR DIE PFLANZUNG

Bäume und Sträucher könnt Ihr, solange der Boden nicht gefroren ist, sowohl im Frühling als auch im Herbst pflanzen. Im Herbst ist der Boden frischer und der Baum kann sich über die kühle und feuchtere Jahreszeit schon etwas etablieren. Achtet im Sommer des ersten Standjahres immer auf eine ausreichende Bewässerung, da Trockenheit auf Dauer schaden kann.

QUALITÄT ZÄHLT

Kauft unbedingt gute Qualität, am besten in einer Baumschule. Eine gute Grundstruktur von Haupttrieb und Leitästen, aber auch des Wurzelwerks ist bei Bäumen sehr wichtig. Lasst Euch in der Baumschule zu Art, Standort und Pflanzung umfassend beraten!

TIPP

Bäume werden wurzelnackt (nur im Frühjahr und Herbst) oder im Topf (ganzjährig) angeboten. Nehmt zu Beginn besser Exemplare mit Erde und Behälter, da sie nicht sofort eingepflanzt werden müssen und Ihr damit flexibler seid.

EINEN BAUM PFLANZEN

Schon beim Pflanzen kann man einem neuen Baum durch einige simple Maßnahmen das Anwachsen sehr erleichtern.

1.
Stellt Euren Baum vor dem Einpflanzen mitsamt dem Topf für ca. 1 Stunde in einen Eimer oder eine Schüssel mit Wasser, um den Ballen komplett zu durchfeuchten.

2.
Platziert den Baum vor dem Einpflanzen im Topf an die gewünschte Stelle. Dreht ihn ggf. auch um die eigene Achse, um die optimale Ausrichtung der Krone festzulegen. Markiert die entsprechende Stelle und stellt die Pflanze zur Seite.

3.
Hebt nun ein Pflanzloch aus, gebt eine Handvoll Hornspäne hinein und füllt etwas Kompost oder gelockerte Erde nach. Je schwerer der Boden ist, desto größer sollte das Loch sein, vor allem, um die umlegende Erde aufzulockern. Als Faustregel gilt: dreimal so breit und doppelt so tief wie der Ballen.

4.
Stellt nun die Pflanze hinein, öffnet mit den Händen den Wurzelballen etwas und kontrolliert die spätere Höhe. Falls der Baum am Fuß eine Veredelungsstelle besitzt, sollte diese später oberhalb der Erde liegen – füllt dafür ggf. noch etwas Erde auf.

5.
Schlagt nun neben dem Stamm einen oder in windigen Lagen besser noch 2 Baumpfähle mit Hilfe eines Gummihammers ein, an denen der Baum dann mit Hanfseil oder Feinstrumpfhosen befestigt wird.

6.
Nun könnt Ihr das Pflanzloch zuschütten, die Erde leicht festtreten und rundherum einen kleinen Erdwall anhäufeln. Damit verhindert Ihr, dass das Wasser gleich beim kräftigen Angießen seitlich wegrinnt.

Frühbeet als Spätbeet benutzen

Mit einem Schutz vor Kälte und der richtigen Sortenwahl kann man neben Wintergemüse wie Grünkohl oder Spinat auch Salat fast rund ums Jahr anbauen und ernten.

DIE GEMÜSESAISON VERLÄNGERN

Falls Ihr ein Frühbeet besitzt, könnt Ihr damit das Wachstum von Wintergemüse um einige Wochen verlängern. Ich nutze es sowohl für Gemüse, das ich im Spätsommer gesät habe – wie Möhren oder Rote Bete, die noch nicht komplett ausgereift sind –, als auch für Wintersalate wie Radicchio oder Endivien, von denen ich vorgezogene Jungpflanzen manchmal erst Anfang September in frei gewordene Beete setze.

Achtet beim Anbau im Spätbeet darauf, dass die Erde auch in der kalten Jahreszeit nicht zu stark austrocknet und Ihr bei länger anhaltendem Sonnenschein regelmäßig lüftet. Ich nehme, wenn ich im Winter im Garten bin, oft einen Kanister mit Trinkwasser von zuhause mit. Damit gieße ich die Jungpflanzen und meist reicht es auch noch, um einen heißen Tee zum Aufwärmen zu kochen.

RUND UMS JAHR SALAT ANBAUEN UND ERNTEN

Mit der richtigen Sortenwahl und einem Frühbeet kann man rund ums Jahr Salat anbauen. Die optimale Keimtemperatur von Salat liegt bei 15 bis 18 °C. Etwas kälter geht auch, aber wenn es deutlich wärmer ist, kann es sehr lange dauern, bis das erste Grün zu sehen ist. Ich mag besonders gerne leicht bittere Sorten wie Radicchio und freue mich im Sommer schon auf diese besonderen Wintersalate.

Salate für den Winteranbau

Feldsalat Eine ideale Nachkultur für abgeerntete Gemüsebeete. Er kann den ganzen Winter über geerntet werden. Er gehört zur Familie der Baldriangewächse und ich liebe ihn besonders für seinen nussigen Geschmack.

Winterportulak oder Postelein Blattsalat, der sogar bei Temperaturen unter 12 °C keimt, mit zauberhaften, weißen Blüten, die Ihr einfach mitessen könnt.

Endiviensalat Ein frostunempfindlicher Salat mit guter Haltbarkeit im Lager, der ursprünglich von der Wegwarte abstammt. Durch seine krausen Blätter wird es mit ihm nie langweilig in der Salatschüssel.

Radicchio 'Rossa di Treviso' Ein bitterer Radicchio mit langen schmalen Blättern. Am besten sät Ihr ihn von Mitte Mai bis Mitte Juni, da er recht lange braucht, um zu wachsen. Radicchio kann auch als Gemüse zubereitet werden. Milder wird er, wenn Ihr ihn vorab für ca. 30 Minuten in warmes Wasser legt.

Ein (selbst gebauter) Frühbeetaufsatz verlängert im Herbst die Erntesaison und macht das Hochbeet zum Mini-Gewächshaus.

1

2

3

1. Bunt gemischtes Beet mit verschiedenen Eis- und Pflücksalat-Sorten

2. Die Blätter von Radicchio verfärben sich erst bei kühleren Temperaturen von Grün nach Rot.

3. Manche Sorten bekommen sogar lilafarbene Blätter.

Radicchio 'Variegata di Castelfranco' Ein leicht bitterer, grüner Salat mit hübschen roten Sprenkeln, der wie von einem Gemälde entwendet aussieht.

Kopfsalate 'Maiwunder', 'Maikönig', 'Winterbutterkopf' Alte Sorten, die den Winter über auf dem Beet bleiben und erst im Frühjahr geerntet werden.

Salate für den Sommeranbau

Pflücksalat Er bildet keine Köpfe, sondern einzelne Blätter, die Ihr laufend pflücken oder abschneiden könnt. Ich säe ihn gerne im Frühling als Platzhalter zwischen andere Gemüsearten.

Rauke/Rucola Ihn könnt Ihr wie Pflücksalat in Reihen säen. Da er sehr anspruchslos ist und nicht zum Schießen neigt, könnt Ihr ihn von März bis September alle paar Wochen nachsäen.

Romanasalat Ihr könnt ihn von Mitte Juni bis Mitte Juli säen. Die Köpfe sind länglich und die Blätter fest und knackig. Früher wuchsen diese Sorten eher locker und unsere Großeltern mussten sie noch zusammenbinden (was ihnen auch den Namen Bindesalat gegeben hat).

Eissalat Sommersalat mit großen Köpfen und sehr knackigen Blättern. Sät ihn am besten von Mai bis Anfang Juli, da er auch große Hitze aushält, ohne zu schießen (Blüten zu bilden). Anders als sein Name vermuten lässt, ist er nicht frostfest, sondern besonders lange im Kühlschrank haltbar.

Schossfeste Kopfsalate Achtet im Sommer auf schossfeste Sorten wie 'Estelle' und 'Brauner Trotzkopf' und erntet die Köpfe, sobald sie groß genug sind. Kopfsalatpflanzen, die im Freiland bei voller Sonne wachsen und abends geerntet werden, enthalten übrigens normalerweise deutlich weniger Nitrat als die Gewächshausware aus dem Supermarkt!

Warme Winterkleider für Pflanzen

Mitte bis Ende Oktober wird es Zeit, den Garten auf die kalte Jahreszeit vorzubereiten und vor allem empfindliche Pflanzen mit einem Winterschutz zu versehen.

PFLANZEN IM GARTEN SCHÜTZEN

Wie auch wir Menschen unterschiedlich empfindlich gegen Kälte sind, gibt es ebenso bei den Pflanzen eher empfindliche, aber auch robuste Vertreter.
Neben Pflanzen wie Tomaten, Chili und vielen Sommerblumen, die sehr schnell erfrieren, sind einige wie Rosen, Feigen und viele Kräuter nur bedingt frosthart. Ohne ausreichenden Winterschutz kann es passieren, dass junge Triebe oder sogar größere Bereiche abfrieren. Meist erholen sich die Pflanzen wieder, aber Früchte oder Blüten bleiben im Folgejahr oft aus, da die Pflanze viel Kraft ins Wachstum steckt. Ab Spätherbst umwickele ich Stammrosen und andere empfindliche Pflanzen deshalb mit einer schützenden Hülle.

Geeignetes Material

Als Winterschutz eignen sich unterschiedliche Naturmaterialien wie Laub, Stroh, Häcksel, Tannenzweige etc.,
Ihr könnt aber auch Gartenvlies oder spezielle Matten benutzen. Ich bevorzuge natürliches Material, da es weniger Müll produziert und schöner aussieht. Wenn davon nicht genug zur Verfügung steht, greife ich aber auch zu gekauften Produkten, die ich dann über mehrere Jahre verwende.

Wurzeln abdecken

Wenn Pflanzen komplett erfrieren, handelt es sich meist um Vertrocknung, da durch gefrorene Erde in den Wurzeln kein Wasser mehr transportiert werden kann, während über die Blätter weiter Wasser verdunstet. Eine warme Abdeckung des Wurzelbereichs kann dagegen schützen. Dazu könnt Ihr Gartenerde ca. 20 cm hoch anhäufeln. Falls es im Januar und Februar richtig kalt wird, kann Schnee für die Pflanzen wie eine Decke wirken. Bleibt dieser jedoch aus, drohen ohne entsprechenden Schutz Kahlfröste, daher kann es sinnvoll sein, empfindliche Pflanzen schon im Spätherbst abzudecken.

Gräser zusammenbinden

Wenn in Eurem Garten hohe Ziergräser wachsen, deren dekorative Halme und Blütenstände über den Winter stehen bleiben, könnt Ihr diese mit einer Schnur grob zusammenbinden. Dadurch verhin-

1. Kälteempfindliche Pflanzen, wie z. B. unseren Feigenbaum, hülle ich in ein wärmendes Vlies.

2. Nach Weihnachten recycle ich gerne unseren Tannenbaum als zusätzlichen Winterschutz.

2

1. Die Erde an der Topfoberfläche von Kübelpflanzen decke ich meist mit Stroh oder Heu ab, um Kälte von oben zu vermeiden.

2. Solange kein anhaltender Frost herrscht, nutze ich gerne Restwasser aus der Regentonne. Später im Winter nehme ich manchmal einen Kanister von Zuhause mit in den Garten.

dert Ihr, dass bei starkem Regen zu viel Wasser ins Herz der Gräser fällt und die Halme zu faulen beginnen.

KÜBELPFLANZEN SCHÜTZEN

Auch im Schrebergarten kann man Pflanzen im Kübel kultivieren. Ich pflanze z. B. einige Kräuter wie Pfefferminze und spezielle Gemüsesorten gerne in großen Töpfen, da sie im Beet sonst schnell alle Nachbarn überwuchern. Sehr kälteempfindliche Pflanzen wie Oliven- oder Zitrusbäumchen und Oleander müssen frostfrei überwintert werden, z. B. in einem beheizten Gewächshaus. Vielleicht gibt es in Eurer Kleingartenanlage jemanden, den Ihr fragen könnt oder Ihr habt zuhause einen hellen, aber kühlen Ort (z. B. im Hausflur). Ihr solltet die Pflanzen dann über den Winter nur gelegentlich gießen und im folgenden Frühling für einen guten Start in die neue Saison umtopfen (alle 2 Jahre) und bedarfsgerecht düngen.

TIPP

Wusstet Ihr eigentlich, dass auch Chili, Physalis und Tomatenpflanzen mehrjährig kultiviert werden können? Wenn Ihr sie in einen Topf pflanzt und über den Winter ins Haus holt, könnt Ihr das ganz einfach ausprobieren.

Schützende Hüllen im Freien

Für robustere Pflanzen, die den Winter im Kübel im Garten überdauern sollen, ist die Gefahr der Vertrocknung größer als für Pflanzen im Beet, da Pflanzgefäße schneller komplett durchfrieren als der Gartenboden. Am besten stellt Ihr Kübelpflanzen deshalb im Spätherbst geschützt an die Laubenwand oder zwischen Sträucher und packt sie mit dämmendem Material oder einem alten Flickenteppichen gut ein. Eventuell vorhandene Topfuntersetzer solltet Ihr über den Winter einlagern, da in stehendem Wasser die Wurzeln faulen können oder bei längerem Frost das stehende Wasser durchfrieren kann. Ideal ist es, die Töpfe etwas erhöht zu stellen (z. B. auf flache Steine oder Ziegel), damit überschüssiges Wasser bei Regen gut abfließt. Kübelpflanzen brauchen auch im Winter ab und an etwas Wasser. Gießt allerdings nur ganz sparsam und möglichst an frostfreien Tagen.

Mein Gestaltungstipp: Seerosen-Dahlien in Lieblingsfarben pflanzen!

1. Die Stängel könnt Ihr vor oder nach dem Ausgraben mit einer scharfen Schere abschneiden.

2. Wenn ich den Sortennamen nicht mehr weiß, notiere ich einfach Wuchshöhe und Farbe.

BLUMENZWIEBELN UND KNOLLEN ÜBERWINTERN

Frostempfindliche Knollen von Dahlien, Gladiolen, Begonien oder Blumenrohr, die im kommenden Jahr wieder blühen sollen, müssen im Spätherbst zum Überwintern ausgegraben werden.

Knollen ausgraben und einlagern

Dahlien und Gladiolen können bis in den Oktober blühen. Es ist daher sinnvoll, sie möglichst lange auf dem Beet stehen zu lassen, da sie noch lange Kraft aus den Blättern ziehen. Sobald das Laub vertrocknet oder beim ersten Frost erfroren ist, wird es Zeit, sie auszugraben. Lockert dafür den Boden mit einer Grabgabel und hebelt die Knollen langsam und vorsichtig heraus. Schneidet nun die Stiele 5 bis 10 cm über dem Ansatz ab und vergesst nicht, ein Schildchen mit der Sortenbezeichnung und Infos zu Form und Farbe anzubringen, da Ihr sonst leicht den Überblick verliert. Befreit die Knollen vorsichtig von überschüssiger Erde, entfernt beschädigte oder faulige Stellen und schlagt sie in Holzwolle oder Zeitungspapier ein. Legt die so vorbereiteten Knollen in eine Holzkiste, in der sie im kühlen Keller (bei 7 bis 15 °C) über den Winter gelagert werden, da sie im Warmen zu stark austrocknen würden. Alle 2 bis 3 Monate solltet Ihr sie kontrollieren und ggf. schimmelnde Exemplare aussortieren.

Knollen im nächsten Jahr vortreiben

Im März hole ich Dahlien & Co. wieder aus dem Winterquartier und pflanze sie in Töpfe, die ich in einem kühlen und hellen Raum aufstelle. Wenn die Pflanzen dann nach den Eisheiligen ins Beet kommen, sind sie schon so groß, dass Schnecken sie meist verschonen und sie so viel Entwicklungsvorsprung haben, dass sie ca. 4 Wochen früher beginnen zu blühen.

DAHLIEN, GLADIOLEN & CO. VERMEHREN

Die Speicherorgane von Dahlien vergrößern sich über die Wachstumsphase im Sommer. Ich lagere im Herbst die kompletten Stöcke ein und teile sie im Frühling mit einem scharfen Messer. Wichtig ist dabei, dass jeder Ableger einen eigenen Triebansatz (auch Auge genannt) enthält.

LAUB IM GARTEN VERWENDEN

GUTER MULCH

Laub kann im Garten vielfältig verwendet werden. Als Mulchschicht auf Gemüsebeeten schützt es den Boden vor Austrocknung und kann durch flächige Kompostierung

Nährstoffe auf die Fläche zurückführen. Anfallendes Herbstlaub von Obst- und anderen klassischen Gartenbäumen solltet Ihr also besser nicht entsorgen, sondern einfach im Garten ausbringen und wiederverwenden.

IM STAUDENBEET

Auf Staudenbeete herabgefallenes Laub kann einfach liegen bleiben. Es dient als natürliche Mulchschicht, bietet Schutz vor Kälte und ist meist bis zum Frühling verrottet. Falls doch noch Reste übrig bleiben, können diese im Frühling auf dem Kompost entsorgt werden.

VORSICHT

Eichen- und Kastanienlaub enthält sehr viel Gerbsäure. Dadurch verrotten die Blätter nur langsam und können zusätzlich den Boden sauer machen. Ich verwende sie daher nur gehäckselt in kleinen Mengen und meist gemischt mit anderen Blättern. Unter Büschen und Hecken verteilt, kann die wachstumshemmende Gerbsäure in den Blättern jedoch helfen, Unkraut zu unterdrücken.

IM KOMPOST

Übrig gebliebenes Laub kann auch auf den Kompost gegeben werden, wo es die Mischung auflockert, als Delikatesse für Regenwürmer dient und somit die schnellere Zersetzung des organischen Materials begünstigt.

AUF DEM RASEN

Den Rasen solltet Ihr regelmäßig von herabgefallenem Laub befreien, da es darunter ggf. faulen könnte und die Halme im Frühling Licht brauchen, um gut und kräftig in die Saison zu starten.

UNTERSCHLUPF FÜR IGEL

Aus trockenem Laub, einer Holzkiste und etwas Totholz kann man in einer ruhigen Gartenecke schnell eine Unterschlupf- und Überwinterungsmöglichkeit für Igel schaffen.

Kompost – schwarzes Gold

Kompost ist eine Allround-Geheimwaffe im Garten, mit der man (fast) alles verbessern kann. Falls Ihr noch keinen Komposthaufen habt, ist jetzt ein guter Zeitpunkt, einen anzulegen.

VORTEILE VON KOMPOST

Kompost ist ein vollwertiger, veganer, natürlicher, ausgewogener Biodünger – und noch dazu komplett kostenlos. Weiter erspart Euch das Kompostieren die Entsorgung von Grünabfällen. Ich schichte unsere Komposthaufen zu Beginn der Saison (kurz vor dem großen Abschneiden) und im Herbst (kurz vor dem Abräumen der Gemüsebeete) um. Den entstandenen Humus bringe ich dann gleich im Garten aus.

STANDORT

Optimal ist ein Platz im Halbschatten, idealerweise etwas versteckt, z. B. hinter der Laube. Platziert ihn auf keinen Fall neben Sitzplätzen oder an der Terrasse. Auch wenn ein heiß rottender Kompost nicht stinkt (im Garten wird das oft immer erreicht und da schafft etwas Urgesteinsmehl Abhilfe), zieht er je nach Befüllung doch manchmal Fruchtfliegen oder Wespen an.

DER RICHTIGE BEHÄLTER

Prinzipiell kann man einen Komposthaufen auch komplett ohne Behälter aufschichten, ich finde aber Umrandungen aus Holz sehr hübsch. Die kann man auch leicht übereinander stecken und dadurch in der Höhe anpassen – dass erleichtert das Umschichten ungemein! Gitterkörbe aus Metall sind sinnvoll, wenn man Probleme mit Wühlmäusen hat, und Thermokomposter aus Kunststoff nutze ich für den Inhalt unserer Komposttoilette (siehe S. 65), da ich in diesem Fall einen komplett geschlossenen Behälter bevorzuge.

KOMPOST AUFSCHICHTEN

Aus dem Aufschichten muss man keine Wissenschaft machen, achtet nur auf eine gute Mischung des Materials, damit sich keine Klumpen bilden, die ggf. faulen können. Zweige und Grünschnitt solltet Ihr am besten vorab zerkleinern oder häckseln, da so mehr Angriffsfläche für gute Bakterien vorhanden ist und sich alles schneller zersetzt – das ist bei allen anderen Materialien ebenfalls sinnvoll.

KOMPOST-MATERIAL

WAS DARF NICHT DRAUF?

- gekochte Speisen
- Fleisch- und Fischreste
- Schalen von Zitrusfrüchten in großen Mengen
- kranke Pflanzenteile (z. B. Krautfäule, Mehltau, Kräuselkrankheit, Monilia)
- Unkräuter
- Samenstände von Blumen und Stauden
- Asche

KOMPOST UMSETZEN UND NEU ANLEGEN

Zweimal im Jahr setze ich den Kompost um, verteile vorhandenen Humus auf den Beeten und schichte noch nicht verrottetes Material wieder neu auf.

1.

Den reifen Kompost mit einer stabilen Schaufel abtragen und sieben, z. B. durch ein Gitter, das auf eine Schubkarre gestellt wird. Achtet auf kleine Tiere, wie z. B. Eidechsen. Den gesiebten Kompost könnt Ihr nun für Gemüse- oder Staudenbeete, aber auch für Neupflanzungen nutzen.

2.

Die nicht verrotteten Kompostbestandteile könnt Ihr in einem Sack oder anderem Haufen zwischenlagern. Oder Ihr gebt sie direkt in eine leere, zweite Kompostmiete, deren Boden Ihr am besten mit einigen Zweigen befüllt, um eine gute Belüftung zu gewährleisten und damit Fäulnis vorzubeugen.

3.

Schichtet in der zweiten Kompostmiete dann abwechselnd verschiedene organische Materialien wie Grünschnitt, Rasenschnitt, aber auch gehäckselte Zweige oder abgestorbene Gemüsepflanzen locker übereinander. Diese sacken mit der Zeit zusammen und es entsteht wieder Platz für neues Material.

4.

Ich gebe zwischen die verschiedenen Lagen meines Komposthaufens jeweils einige Hände Bentonit und Zeolithkohle. Diese verbinden sich beim Verrotten mit dem organischen Material und es entstehen wertvolle Ton-Humus-Komplexe, die die Speicherfähigkeit unseres mageren Gartenbodens Jahr für Jahr verbessern.
Herbstlaub, Kaffeesatz und Schnipsel von alten Zeitungen eignen sich als Zusätze, da sie Regenwürmern besonders gut schmecken.

5.

Über den Winter decke ich den Komposthaufen mit einer Plane ab, um zu starke Durchfeuchtung und damit die Gefahr von Fäulnis zu vermeiden.
Bei starker Trockenheit im Sommer kann es sich lohnen, den Kompost zu bewässern. Ich gebe dem Gießwasser dann meist noch effektive Mikroorganismen bei.

Garten winterfest machen

Schrebergarten 1 × 1

Das Wasseranstellen im Frühling leitet bei uns die Gartensaison ein und das Abstellen im Spätherbst beendet sie wieder. Oft ist im Herbst das Wetter noch sehr schön, daher versuche ich meistens, den Zeitpunkt so lange wie möglich hinauszuzögern.

WASSER ABSTELLEN
Es ist wirklich wichtig, den ersten Frost nicht zu verpassen, da die Leitung beim Einfrieren reißen kann. Beim Abstellen drehen wir das Wasser in der Grube vor dem Zähler ab und lassen dann alle dahinter liegenden Leitungen leerlaufen. Diese bleiben über den Winter offen stehen. Den Bewässerungscomputer und alle Gartenschläuche lagere ich im Schuppen ein. Wenn Ihr einen Brunnen habt, solltet Ihr nun auch die Pumpe entnehmen und möglichst frostfrei lagern.

REGENTONNE ENTLEEREN
Wenn Ihr noch Gießwasser benötigt, weil Ihr z. B. noch etwas pflanzen möchtet, könnt Ihr das Wasser in der Regentonne noch einige Zeit nutzen. Bei anhaltendem Frost solltet Ihr die Tonne jedoch rechtzeitig entleeren.

GARTENTEICH PFLEGEN
Wenn Ihr einen Teich im Garten habt, könnt Ihr ihn winterfest machen, indem Ihr eventuell hinein gefallenes Laub herausfischt und ein feinmaschiges Netz darüber spannt. Wenn Ihr eine Teichpumpe habt, solltet Ihr sie jetzt ebenfalls einlagern. Eine geschlossene Eisdecke brecht Ihr am besten immer wieder auf, um die Versorgung mit Sauerstoff von Kleinlebewesen und Fischen sicherzustellen.

LAUBE CHECKEN UND WINTERFEST MACHEN
Um die Gartenlaube winterfest zu machen, nehmt Ihr eventuell vorhandene Elektrogeräte vom Netz und entfernt alle Lebensmittel, die dort noch lagern. Weiter ist es sinnvoll, vor dem Winter das Dach auf undichte Stellen zu kontrollieren und diese ggf. zu reparieren. Reinigt die Dachrinne, damit auch größere Regenmengen gut abfließen können. Verschließt wenn möglich alle offenen Stellen oder Schlitze in der Laube, um Mäusen keinen Eingang zu bieten. Da ich in den letzten Jahren immer wieder Probleme damit hatte, stelle ich vorsorglich einige Mausefallen auf.

GARTENMÖBEL UND GARTENGERÄTE
Stühle, Tische, Hollywood-Schaukeln oder Hängematten stellt Ihr jetzt am besten unter oder deckt sie mit geeigneten Hüllen ab. Wir räumen alle Gartenmöbel unter unsere überdachte Terrasse und stellen besonders empfindliche Dinge in die Laube. Zum Ende der Saison reinige ich Rasenmäher und Häcksler gründlich und bringe sie in den Schuppen. Falls Ihr Akku-Geräte besitzt, solltet Ihr die Akkus frostfrei lagern, da sie sonst bei Minusgraden kaputt gehen können.

FLÜSSIGKEITEN FROSTFREI LAGERN
Im Garten lagern über den Sommer einige Flüssigkeiten. Von Getränken über Essig, bis zur H-Milch, aber auch Pflanzenstärkungsmittel, Lacke

oder Flüssigdünger. Lebensmittel versuchen wir rechtzeitig zu verbrauchen, die übrigen Flüssigkeiten stelle ich in den Keller unserer Wohnung.

WERTGEGENSTÄNDE SICHERN
Wir lagern auch über den Sommer keine Wertsachen in der Laube, über den Winter sollten sie aber auf jeden Fall in Sicherheit gebracht werden. Gerade in der dunklen Jahreszeit wird in Kleingartenkolonien vermehrt eingebrochen. Stehen größere Geräte wie Hacken oder Schaufeln bei Euch im Garten? Oder liegt irgendwo sogar ein Bolzenschneider oder ein Brecheisen herum? Unser Vorstand betont immer, dass Einbrecher ihr Werkzeug oft im Garten selbst vorfinden. Oft sind es Jugendliche, die beim Einbrechen mehr Schaden anrichten als durch den eigentlichen Diebstahl. Verstaut also alles sicher, was sich als Einbruchwerkzeug eignen würde.

RASEN PFLEGEN
Vor dem Frost solltet Ihr den Rasen trimmen – er wird es Euch im kommenden Frühjahr danken! Bleiben die Halme nämlich zu lang, werden sie durch Schnee und Eis zusammengedrückt und der Austrieb im kommenden Jahr fällt schwächer aus.

BÄUME SCHÜTZEN
Die Stämme junger Obstbäume können im Spätherbst mit einer speziellen kalkhaltigen Farbe gestrichen werden. Diese verhindert, dass an sonnigen, frostigen Tagen die Rinde der Bäume aufplatzt. Da die Sonne den dunklen Stamm von einer Seite erwärmt, während die abgewandte Seite kalt bleibt, kann es durch den Temperatur- und Spannungsunterschied zu Rissen kommen. Ein weiß gekalkter Stamm erhitzt sich nicht so stark und das Risiko wird vermindert. Gegen einen Befall mit Frostspannern – deren Raupen im Frühjahr ggf. ganze Bäume kahlfressen – können Leimringe vorbeugen. Sie hindern die flugunfähigen Weibchen des Falters daran, in die Krone zu gelangen und dort ihre Eier abzulegen.

HECKEN SCHNEIDEN
Ab Oktober dürfen Hecken auch wieder geschnitten werden. Erledigt das am besten, bevor es richtig kalt wird. Den Grünschnitt könnt Ihr häckseln und direkt zum Mulchen benutzen oder auf den Kompost geben.

UNKRAUT JÄTEN UND SCHNECKENEIER AUFSPÜREN
Beim Abdecken der Beete mit Laub (das über den Winter u. a. die Bodenlebewesen schützt) jäte ich alles noch einmal gründlich durch. Ich entferne Unkraut und achte besonders auf eventuell vorhandene Nester mit Schneckeneiern. Wenn Ihr diese jetzt findet und entfernt, habt Ihr im kommenden Frühling einen deutlich reduzierten Befall.

GEWÄCHSHAUS-KONTROLLE
Falls Ihr ein Gewächshaus besitzt, solltet Ihr im Herbst alles kontrollieren, vor allem auch die Verankerung. Nichts ist ärgerlicher, als herumfliegende oder durch Schnee eingedrückte Gewächshausscheiben. Im beheizten Gewächshaus kann jetzt die Heizung kontrolliert und in Betrieb genommen werden.

GARTENAUFGABEN

- Wasser vor dem ersten Frost abstellen
- Grün- und Heckenschnitt häckseln und kompostieren
- Wintergemüse ernten und einlagern
- Fruchtmumien von Bäumen oder Sträuchern entfernen und über die Mülltonne entsorgen
- krankes Laub einsammeln
- letzte Bäume, Sträucher oder Rosen pflanzen
- Hochbeete bauen
- Geschenke aus getrockneten Blüten oder Kräutern herstellen

NOVEMBER

Obst und Gemüse lagern

Einige Arten wie Äpfel, Kartoffeln oder Kürbisse können an einem kühlen dunklen Ort eingelagert werden. Wenn Ihr sie gelegentlich kontrolliert und bei Bedarf heraufholt, habt Ihr noch viele Monate Freude an Eurer Ernte.

LAGERPLÄTZE

Da wir nur über einen sehr feuchten Mietshaus-Keller verfügen, in den ich nur ab und an gehe, um mich zu gruseln und zu gucken, ob die Dahlien noch einigermaßen o.k. sind, fällt eine Lagerung von Lebensmitteln dort flach. Falls Ihr einen kühlen und trockenen Keller habt und Ihr es ausprobieren möchtet, achtet darauf, nur einwandfreies Obst und Gemüse einzulagern.

WORAUF MUSS ICH BEIM EINLAGERN ACHTEN?

Grundsätzlich: Lasst bei Obst und Gemüse jeweils etwas Abstand zwischen den einzelnen Exemplaren, damit sie sich bei einem Befall mit Schimmel oder Fäulnis nicht gegenseitig anstecken!
Äpfel und Kohlköpfe könnt Ihr in flachen Holzkisten luftig übereinanderstellen. Da Wurzelgemüse schnell austrocknet, bettet man es am besten in eine Kiste mit Sand. Übrigens werden auch Möhren, die Ihr ggf. im Winter auf dem Markt zusätzlich kauft, so zwischengelagert. Falls Ihr im Garten einen Erdkeller habt und dieser nach außen abgeschottet ist, könnt Ihr ihn auch für Euer Wintergemüse nutzen. Neulich habe ich gesehen, dass jemand sein Gemüse in einer alten Waschtrommel aus Metall im Garten vergraben hat. Solange der Boden nicht durchfriert, wäre das einen Versuch wert.

DAS BEET ALS BESTER LAGERPLATZ

Nachdem viele Lagermöglichkeiten für mich recht umständlich sind, lasse ich – solange es keinen anhaltenden Frost gibt – Kohl, Möhren, Rote Bete, Wintersalate und sogar Mangold am liebsten auf geschützten Beeten stehen. Dort sind sie mit Wasser und Nährstoffen versorgt und können bei Bedarf frisch geerntet werden.

1

2

1. Für Äpfel eignen sich stapelbare Holzstiegen, z. B. vom Flohmarkt.

2. Kohlpflanzen sehen im winterlichen Beet einfach super aus.

GESCHENKE AUS DER KÜCHE

LIPPENBALSAM

Aus getrockneten Ringelblumen und Olivenöl könnt Ihr mit wenig Aufwand einen Calendula-Auszug herstellen. Dazu gebt Ihr getrocknete Blütenköpfe in ein Schraubglas, überdeckt sie mit Olivenöl und schüttelt die verschlossene Mischung täglich. Nach einigen Wochen könnt Ihr das Öl absieben. Wenn Ihr dieses mit Bienenwachs und Shea-Butter erwärmt, in kleine Döschen oder Lippenstifthülsen gebt, habt Ihr auf diese Weise schnell und einfach einen pflegenden Balsam für trockene Lippen.

BADESALZ

Je einen Teil grobes Meersalz und Milchpulver mit getrockneten Blüten vermischen und in schöne Gläser abfüllen. Mit Rosen und Lavendel wird daraus ein duftendes, entspannendes Pflegebad. Für ein Vollbad benötigt man etwa 3 Esslöffel der fertigen Mischung.

Die Schätze, die ich im Sommer ernte, teile ich auch gerne mit Freunden und meiner Familie. Einige Zutaten wie getrocknete Blüten lassen sich zu verschiedenen Produkten verarbeiten, Marmelade und anderes Einmachgut bekommen einfach ein hübsches Etikett und eine Schleife.

MARMELADE / CHUTNEY

Selbstgekochte Marmeladen oder Chutneys sind für mich die Krönung für jedes Brot, da man sie mit mehr Früchten pro 100 g herstellen kann als die Industrie. Ich nehme gerne den Gelierzucker 2:1, bei dem auf 2 Teile Früchte ein Teil Zucker kommt und somit der Fruchtgehalt der Marmelade höher ist als bei vielen Industriesorten.

BLÜTENSALZ

Essbare Blütenblätter von Rosen, Kornblumen, Cosmea, Malven etc. trocknen und nach Geschmack und gewünschter Farbe mit Meersalz vermischen. In ein hübsches Glas füllen und fertig ist ein duftendes Blütensalz. Das funktioniert natürlich auch mit Euren Lieblingskräutern.

GETROCKNETE KRÄUTER

Kräuter gehören für mich zu jedem Essen. Wenn Ihr im Winter beim Kochen nicht auf sie verzichten möchtet, könnt Ihr sie im Spätsommer als hübsches Bündel trocknen. Dazu knicke ich einen Bügel aus der Reinigung flach zusammen und fixiere die Kräuter mit Blumendraht. So sind sie auch ein schönes Geschenk, z. B. Thymian und Salbei als Mitbringsel in der Erkältungszeit.

Brauchen wir ein Hochbeet?

Bei besonders magerem oder schwerem Boden, bei Schwermetall-Belastung, Wühlmausproblemen, Schneckeninvasionen oder Rückenbeschwerden können Hochbeete Abhilfe schaffen.

WARUM EIN HOCHBEET IM WINTER BAUEN UND FÜLLEN?

Hauptsächlich, weil im Winter nicht allzuviel im Garten zu tun ist und Ihr Euch nicht während der Saison damit beschäftigen müsst. Weiter fallen beim Winterschnitt der Bäume reichlich Äste an, die Ihr gleich etwas zerkleinern und als kostenlose Hochbeetfüllung nutzen könnt.

Die richtige Befüllung

Die Füllung von Hochbeeten sackt meist innerhalb des ersten Jahres deutlich zusammen. Wenn Ihr im Herbst oder Winter ein Hochbeet baut und randvoll mit Baum- und Strauchschnitt, Häckselgut und halbreifem Kompost befüllt, hat sich alles bis zum Frühling so weit gesetzt, dass Ihr den Rest mit einigen Säcken Erde auffüllen und gleich loslegen könnt. Bei bestehenden Beeten müsst Ihr oft warten, bis der Boden nicht mehr gefroren ist. Mit diesem Trick habt Ihr aber zumindest im ersten Jahr nach dem Bau schon etwas Vorsprung und könnt schon ab März die ersten Pflanzen aussäen.

WELCHE MATERIALEN SIND FÜR DEN RAHMEN GEEIGNET?

Hochbeete kann man aus vielen unterschiedlichen Materialien bauen. Aus Holz, Metall oder sogar Ziegeln. Ich persönlich schwöre auf Palettenrahmen, da man mit Ihnen schnell, günstig und sehr flexibel verschiedene Beetformen umsetzen kann. Dazu werden die Rahmen einfach mit Hilfe der integrierten Ecken aus Metall übereinander gesteckt.

Palettenrahmen – günstig und flexibel

Mit ihnen könnt Ihr schnell und ohne Werkzeug Beete in unterschiedlichen Höhen zusammenstellen. Gerade wenn man nicht sicher ist, ob man später noch etwas ändern möchte, sind die flexiblen Klapprahmen super, denn sie lassen sich auch fix wieder abbauen.
Ein Palettenrahmen besteht aus 4 Teilen: 2 langen und 2 kurzen Brettern mit fest installierten Metallteilen als Scharniere. Da man die Seitenteile verschieden kombinieren kann, lassen sich je nach Gartenform und -größe auch schmale, breite, große oder kleine Beete abteilen.

BEFÜLLUNG LEICHT GEMACHT

Befüllt das Beet von unten nach oben zu je einem Drittel mit gröberen Ästen, Häckselgut oder kleineren Ästen und halbreifem Kompost.

HOCHBEET BAUEN

Für den Bau der Hochbeete aus Palettenrahmen braucht man nur Hammer, Kombizange, Tacker mit Tackernadeln und feinmaschiges Metallgitter.

1.
Die Palettenrahmen werden einfach zusammengesteckt und mit 4 beiliegenden Metallstiften fixiert. Dazu schlägt man die Stifte mit einem Hammer vorsichtig ein und der Rahmen ist fertig.

2.
An den Ecken der Rahmen steht das Metall jeweils etwas über. Diese Überstände sollten beim Aufstellen nach unten zeigen. Falls Ihr sehr schweren Boden habt, der zu Staunässe neigt, könnt Ihr im Randbereich einen Streifen Kies aufschütten und das Hochbeet drauf stellen. Bei leichten Böden ist das aber nicht nötig.

3.
Schneidet mit einer Metallschere oder Kombizange aus feinem Metallgitter mit maximal 0,5 × 0,5 cm Lochdurchmesser ein Rechteck aus – an allen Seiten etwas größer als die Beetfläche. Legt es unten ins Hochbeet, klappt die Überstände ein und tackert sie rundherum gut fest. Damit verhindert Ihr, dass Euer Beet später zum Wühlmaushotel wird.

4.
Die Innenwände des Beetes könnt Ihr mit einer Folie auskleiden. Viele schwören auf schwarze Noppenfolie, die eigentlich als Feuchtigkeitssperre mit Hinterlüftung für Kellerwände genutzt wird. Alternativ geht auch Teichfolie, ich kleide meine Beete aber mittlerweile gar nicht mehr aus und behandle auch das Holz maximal von außen mit Leinöl.

5.
Zwar verrotten die Bretter ohne Folie etwas schneller, meine ältesten Beete sehen aber auch nach 4 Jahren noch super aus und ich erspare mir Gedanken über Plastik und Weichmacher. Falls Ihr zum Auskleiden Folie benutzt, sollte der Boden unbedingt frei bleiben, damit überschüssiges Wasser ablaufen kann.

GARTENAUFGABEN

- Bäume an frostfreien Tagen schneiden
- am 04.12. Barbarazweige (z. B. von Apfel- oder Kirschbäumen) schneiden und in eine Vase stellen, die dann zu Weihnachten blühen
- Gartenfotos sortieren
- neue Gartenpläne schmieden

DEZEMBER

Baumpflege im Winter

„Wenn Ihr einen Baum schneidet, entfernt alles, was vertrocknet ist, nach innen oder oben wächst oder sich überkreuzt.“ So oder so ähnlich steht es in vielen gängigen Ratgebern zum Thema Baumschnitt.

WERKZEUG FÜR DEN BAUMSCHNITT

- scharfe Gartenschere
- klappbare Baumsäge
- Schneidgiraffe für sehr hohe Bäume
- Handschuhe (schützen vor kleinen Verletzungen und Kratzern)
- hohe stabile Leiter
- Erdspieße zur Sicherung der Leiter am Boden

SONNE FÜR ALLE – WARUM OBSTBÄUME SCHNEIDEN?

Der große Unterschied zwischen Kultur- und Wildbäumen ist die Größe der Früchte. Bei unseren Gartenbäumen zielen wir auf große, süße Früchte mit einer Ertragszone im unteren Bereich ab, damit wir beim Ernten nicht zu hoch auf die Leiter klettern müssen. Der Baum hingegen will nach oben zum Licht wachsen und sich über die Früchte vermehren. Idealerweise erreicht die Sonne im Tagesverlauf alle Stellen des Baumes. Ziel des Schnittes ist es also, die Krone soweit auszulichten, dass die Sonne auch unten und innen ankommt.

WOHER WEISS ICH, WAS ICH ABSCHNEIDEN KANN?

Abbildungen in Büchern oder im Internet zeigen meist perfekt erzogene Bäume mit starken Leitästen und optimal entwickeltem Fruchtholz. Wenn ich im Garten stehe und meinen Apfelbaum betrachte, helfen mir diese pauschalen Tipps leider nicht weiter, da er keinen der idealtypischen Äste aus der Abbildung besitzt, alles mehr oder weniger nach innen wächst und entweder vertrocknet ist oder steil nach oben zeigt. Ein Baumschnittkurs hat mir die Augen für die wichtigsten Prinzipien geöffnet, die ich nun auch anwenden kann.

IST-ANALYSE, BEVOR IHR LOSLEGT

Geht um den Baum herum und schaut ihn Euch genau an. Je nach Zustand des Baumes kann Eure Schnittstrategie ganz unterschiedlich aussehen. Wie vital ist der Baum? Hat er im vergangenen Jahr überhaupt ausgetrieben? Gibt es verdorrte Äste? Ist irgendwo etwas abgebrochen? Hat der Stamm Risse oder Fraßspuren? Deutet etwas auf Krankheiten hin? Falls Euer Baum wenig vital wirkt, kontrolliert auf Wühlmäuse und achtet im Folgejahr auf ausreichende Wassergabe und Düngung. Versucht ggf. auch die Baumscheibe in der Größe der Krone freizuhalten.

DER SANFTE SCHNITT

Macht Euch immer bewusst, dass ein Baum ein Lebewesen ist und arbeitet nicht zu radikal gegen ihn an. Jeder Schnitt ist eine Wunde, die die Pflanze versorgen muss. Daher kann es manchmal besser sein, einen kompletten Ast wegzunehmen, als an einem Ast 10 kleine Schnitte zu machen, die alle einzeln verheilen müssen. Vermeidet Schnitte mit einem Durchmesser über 5 cm möglichst komplett, da diese vom Baum nur schwer geschlossen werden können. Achtet auch darauf, pro Jahr insgesamt maximal 20 bis 30 % der Blattmasse zu entfernen.

WER IST DER CHEF IM BAUM?

Achtet auf bestehende Hierarchien oder schafft neue. Vom Stamm geht idealerweise eine gerade Stammverlängerung nach oben und

1

2

3

1. Sicherheitstipp: Nehmt Euch zum Bäumeschneiden jemanden mit, der die Leiter für Euch sichert.

2. Eine scharfe Schere erleichtert die Arbeit enorm.

3. Um beim Schnitt den Überblick über die Menge zu behalten, sammle ich das Schnittgut auf einem Haufen.

TIPP

Meldet Euch für einen Baumschnittkurs an (gibt es oft auch über den Gartenverband) oder schneidet Eure Bäume zusammen mit einem Profi, der Euch die Grundlagen erklärt.

von dieser gehen 3 bis 5 gleichmäßig verteilte, seitliche Leitäste (im 45-Grad-Winkel) ab. Die Stammverlängerung soll führen, die Leitäste ordnen sich ihr unter – optimalerweise eine Handbreit kürzer. Eventuell vorhandene Konkurrenzäste könnt Ihr kürzen oder wegschneiden. Auch innerhalb der einzelnen Äste sollte es eine eindeutige Spitze geben. Die Verzweigungen sollten sich nicht überkreuzen.

GUT DING WILL WEILE HABEN

Falls Euer Baum lange nicht oder falsch geschnitten wurde, werdet Ihr Probleme wahrscheinlich nicht in einem Jahr lösen können. Macht Euch am besten über mehrere Jahre hinweg einen groben Plan, von dem Ihr jedes Jahr einen Teil umsetzt und zwischendurch immer wieder beobachtet, wie der Baum reagiert. Bei älteren Bäumen geht es vor allem darum, Unordnung eine Weile aushalten zu lernen und sich in Geduld zu üben.

VIEL MACHT VIEL

Starker Rückschnitt regt starken Neuaustrieb an, während sanfter Rückschnitt nur moderaten Neuaustrieb auslöst. Damit könnt Ihr steuern, wie viel und teilweise sogar wo der Baum in nächsten Jahr wächst und auf diesem Weg z. B. eine Verjüngung erreichen.

SOMMER- ODER WINTERSCHNITT – WAS IST BESSER?

Beides ist möglich. Wenn man starken Neuaustrieb fördern möchte, sollte man lieber im Winter schneiden, da dann die Reservestoffe eingelagert sind. Wer den Baum im Wachstum eher bremsen möchte, sollte einen sanften Sommerschnitt durchführen.

Manche Gehölze wie Wein, Kiwi, Kirsche oder Walnuss sollten beim Winterschnitt im zeitigen Spätwinter geschnitten werden (in der sogenannten Saftruhe), da sonst zu viel Pflanzensaft aus den Schnittwunden herausdringen würde.

Woher kommen eigentlich die Wasserschosser?

Oft sieht man in Gartenkolonien Bäume, die mit der Kettensäge gestutzt wurden und mit unzähligen gerade hochwachsenden sogenannten Wassertrieben besetzt sind. Diese sind der Versuch des Baumes, der zum Licht wachsen will, die verlorene Höhe auszugleichen. Reduziert diese Schritt für Schritt, statt alle radikal wegzuschneiden.

OBSTBAUMSCHNITT: WICHTIGE TECHNIKEN UND BEGRIFFE

ABLEITEN

Einen verzweigten Ast (z. B. mit vielen aufsitzenden Wassertrieben) kann man so abschneiden, dass er auf eine dünnere Verzweigung umgeleitet wird. Beim Ableiten sollte der Zweig, auf den abgeleitet wird aber idealerweise mindestens zwei Drittel der Dicke des Ursprungsastes haben. Den Ast, auf den abgeleitet wurde, solltet Ihr idealerweise nicht zusätzlich anschneiden, sondern ggf. auf den Schnitt im Folgejahr verschieben.

SAFTWAAGE

Idealerweise ist die Verteilung der Leitäste gleichmäßig, sie enden auf einer Höhe und sind etwa eine Hand kürzer als die Spitze. Das sorgt für eine ausgewogene Verteilung der Nährstoffe transportierenden Säfte und damit auch für ein gleichmäßiges Wachstum.

AUGEN

Knospen, aus denen Verzweigungen herauswachsen können. Wenn man sich traut, kann man an Trieben, bei denen sicher ist, dass z. B. nichts nach innen wachsen soll, unerwünschte Augen vorsorglich ausbrechen. Wendet das bitte nur an, wenn Ihr schon etwas Erfahrung habt.

SPITZENFÖRDERUNG

Der Baum fördert immer die höchstgelegene Stelle am meisten. Sorgt deshalb dafür, dass an den wichtigen Stellen immer eine definierte Spitze vorhanden ist, die „führt“. Für den Baum als Gesamtheit ist das die zentral liegende Stammverlängerung, am einzelnen Leitast ist es jeweils dessen Spitze. Konkurrenztriebe könnt Ihr ggf. entfernen oder einkürzen.

SCHLANK SCHNEIDEN

Keine neuartige Diät, sondern eine Methode, einen stark verwilderten Baum auszulichten, ohne allzu starken Neuaustrieb zu provozieren. Um größere, verwachsene Äste „schlank“ zu schneiden, wählt man im äußeren Bereich einen Trieb aus, der als neue Spitze definiert und auf den abgeleitet wird. Sie sollte lang sein und nicht angeschnitten werden. Alle anderen Konkurrenztriebe im Umfeld werden vollständig entfernt.

ABSÄGEN

Dicke Äste am besten absägen. Da Gefahr besteht, dass sie dabei abbrechen und Teile der kostbaren Rinde abreißen, arbeitet man in 3 Schritten: 5 bis 10 cm entfernt vom geplanten Schnitt von unten halb durch den Ast sägen, dann folgt ein Trennschnitt von oben, der den Ast entfernt. Zuletzt wird nah am Stamm der eigentliche Schnitt sauber ausgeführt.

ANSCHNEIDEN

Kürzen eines Astes. Anschneiden regt die Verzweigung und das Dickenwachstum an, eignet sich also für die Gestaltung der Gerüstäste und zum Aufbau von Fruchtholz. Im Normalfall kürzt man beim Anschneiden den Neuaustrieb um ca. ein Drittel der Länge.

GESCHENKE FÜR GARTENFREUNDE

Nach der Saison ist vor der Saison – echte Gartenfreunde freuen sich daher zu jeder Jahreszeit über Geschenke mit Gartenbezug. Sei es hochwertiges Werkzeug, tolle Pflanzen oder einfach Mithilfe bei der Gartenarbeit.

ZEIT

Bei manchen Arbeiten ist es toll, wenn man Hilfe hat. Sei es, das marode Laubendach zu sanieren, einen Baum zu schneiden oder die störende alte Hecke auszugraben. Mit einem Gutschein über Mithilfe bei der Gartenarbeit kann man (fast) jedem Gartenbesitzer eine große Freude machen. Und vieles macht gemeinsam einfach mehr Spaß.

SCHARFE GARTENSCHERE

Von meiner heiß geliebten Gartenschere habe ich mittlerweile sogar 2 Exemplare (eine hatte ich mal verlegt und sie nach einer Weile ersetzt – im folgenden Jahr ist sie beim Umsetzen des Komposts dann wieder aufgetaucht). Legt, wenn möglich, gleich einen Schleifstein, einen sauberen Lappen und ein Fläschchen Öl dazu – so hat der Beschenkte bestimmt viele Jahre Freude daran.

SAATGUT

Während sich andere über Schuhe oder Handtaschen freuen, könnt Ihr Gartenfreunde bestimmt mit tollem Bio-Saatgut glücklich machen. Ihr könnt es bei Euch im Garten selbst sammeln und in hübsche Tütchen füllen oder z. B. interessante Sorten auf Märkten oder online kaufen. Toll ist vor Weihnachten auch ein selbstgemachter Saatgut-Adventskalender mit Samen aus dem Garten.

PFLANZENGUTSCHEIN

Mehr Blumen oder Stauden machen einfach immer Freude – auch in Form von hübsch verpackten Gutscheinen. Vielleicht gibt es in Eurer Nähe eine tolle Gärtnerei? Wenn Ihr keine gute Quelle in der Nähe habt, könnt Ihr auch einen Gutschein für einen hochwertigen Pflanzenversand schenken. Viele Lieferanten verpacken mittlerweile umweltfreundlich ohne Plastik und nutzen Stroh als Füllmaterial..

VERZINKTER GARTENKORB

Im Garten gibt es immer etwas hin und her zu tragen. Laub, Kartoffeln oder andere Kleinteile. Treue Dienste leistet mir dabei ein verzinkter Kartoffelkorb, den ich nicht mehr missen möchte. Sowohl beim Ernten von Gemüse wie auch beim Auflesen von Fallobst ist er ein praktischer Begleiter.

GARTENJOURNAL

Am besten lernt man aus Erfahrung. Ich führe deshalb ein Gartenjournal, in dem ich mir regelmäßig Notizen zur Gartenplanung, zu Aussaat und Zeitpunkten, aber auch zu Erfolgen und Misserfolgen mache. Auch wenn man denkt, dass man sich alles merken kann, mit der Zeit vergisst man vieles und es ist super hilfreich später auf die Notizen zurückkommen und nachzuschauen zu können.

Mengenempfehlung für eine vierköpfige Familie

Mit dieser Menge kann man sich zwar nicht komplett selbst versorgen, aber die ganze Saison über eigenes Gemüse, Obst und Kräuter ernten. Auch wenn es verlockend ist, mehr zu pflanzen: Nehmt Euch im ersten Jahr nicht zu viel vor und holt Euch erst mal keine Diven wie Gewächshausgurken oder Auberginen ins Beet.

GEMÜSEPFLANZEN

- 6 bis 8 verschiedene Tomatenpflanzen
- 10 Pflanzen verschiedener Kohlsorten
- 20 Kohlrabipflanzen
- 6 Knollenfenchelpflanzen
- 4 Kapuzinerkressepflanzen
- 10 Köpfe Salat
- 20 Saatkartoffeln (dafür benötigt Ihr ca. 2 qm Beetfläche)
- 20 Steckzwiebeln als Umrandung für das Erdbeerbeet
- 2 Zucchinipflanzen
- 2 Kürbispflanzen
- 1 Milpa-Beet, bestehend aus 8 Zuckermaispflanzen, 24 Stangenbohnen, 1 Kürbis
- 2 Süßkartoffelpflanzen

OBST

- 3 bis 4 Beerensträucher (Johannisbeeren, Stachelbeeren, Himbeeren)
- 8 Erdbeerpflanzen

KRÄUTER

- Basilikum
- Bohnenkraut
- Dill
- Koriander
- Minze
- Petersilie
- Rosmarin
- Salbei
- Zitronenverbene

GEMÜSEREIHEN (CA. 1,20 M LÄNGE)

- 2 Reihen Möhren
- 3 Reihen Erbsen (versetzte Aussaat jeweils nach 2 Wochen)
- 2 × 2 Reihen Radieschen (nach der ersten Ernte erneut säen)
- 1 Reihe Mangold
- 2 Reihen Spinat
- 2 Reihen Dicke Bohnen
- mehrere Reihen Schnitt- und Kopfsalat in Zwischenräumen
- 2 Reihen Rote Melde

BEZUGSQUELLEN

Saatgut

- Bingenheimer Saatgut
  www.bingenheimersaatgut.de
- Dreschflegel Bio-Saatgut
  www.dreschflegel-saatgut.de
- Hauptstadtgarten
  www.hauptstadtgarten.de/shop
- Magic Garden Seeds
  www.magicgardenseeds.de
- Saatgut Vielfalt (Blumen)
  www.saatgut-vielfalt.de

Kartoffeln

- Biogartenversand Jeebel
  www.biogartenversand.de

Stauden

- Baumschule Horstmann
  www.baumschule-horstmann.de
- Foerster Stauden
  www.foerster-stauden.de
- Gräfin Zeppelin
  www.graefin-von-zeppelin.de
- Staudengärtnerei Gaißmayer
  www.gaissmayer.de

Blumenzwiebeln

- Jora Dahl
  joradahl.de

Dahlien

- Gärtnerei Wagschal
  www.dahlias.de
- Peter's Dahlien
  www.peters-dahlien.at

Rosen

- Kordes Rosen
  www.kordes-rosen.com
- Bioland-Rosenschule Ruf
  www.rosenschule-ruf.de
- Rosen Tantau
  www.rosen-tantau.com

Baumschulen

- Bioland Baumschule & Obstgarten
  www.hoffmann-obstbaumschule.de
- Bioland Baumschule Wetzel
  www.biolandbaumschule.de
- Hofstetter Mühle
  www.bambuswald.de
- Späthsche Baumschule
  www.spaethsche-baumschulen.de

Nützlinge

- Biologische Beratung
  www.biologische-beratung.de
- Katz Biotech
  www.katzbiotechservices.de
- Pflanzenschutzämter
  www.pflanzenschutzdienst.de
- Wurmwelten
  www.wurmwelten.de

Obst- und Gemüsepflanzen

- Lubera
  wwww.lubera.com

Kräutergärtnerei

- Kräuter- und Staudengärtnerei Mann
  www.staudenmann.de
- Rühlemann's
  www.kraeuter-und-duftpflanzen.de
- Syringa Duftpflanzen und Kräuter
  www.syringa-pflanzen.de

Vereine & Verbände

- Bundesverband
  Deutscher Gartenfreunde e. V.
  www.kleingarten-bund.de
- Deutsches Kleingärtner-Museum Leipzig
  www.kleingarten-museum.de/de
- Deutsche Schreberjugend
  Bundesverband e. V.
  www.deutsche-schreberjugend.de
- Naturschutzbund Deutschland e. V.
  www.nabu.de
- Verbandszeitschrift Gartenfreund
  www.gartenfreunde.de
- VERN e.V.
  www.vern.de

Farben und Lasuren

- Farrow & Ball
  www.farrow-ball.com

Schöne Gartengeräte

- Manufactum
  www.manufactum.de
- The golden Rabbit
  www.golden-rabbit.de

Bodenuntersuchung

- LUFA NRW
  www.landwirtschaftskammer.de
- NSF International
  www.nsfinternational.eu/de

Komposttoiletten

- Berger Biotechnik
  www.berger-biotechnik.de
- Trobolo
  www.trobolo.com

Bücher

- Alys' Küchengarten
- Lust auf Laube
- Mit Naturmaterialien Wohnen

Blogs

- Biotopica Farm
- Der kleine Horrorgarten
- My Cottage Garden
- Urbarium
- Wilde Gartenküche

REGISTER

Fette Seitenzahlen verweisen auf Abbildungen.

haupt
stadt
garten

Auf **HAUPTSTADTGARTEN.DE** berichte ich über Schönes und Kurioses aus meinem Berliner Schrebergarten und gebe Euch jede Menge konkrete Tipps. Aber was wäre ein Gartenblog ohne DIY-Ideen und Rezepte. Deshalb teile ich dort neben tollen Bastelprojekten auch meine liebsten Gemüsegerichte, Kuchenrezepte und detaillierte Infos zum Haltbarmachen. Kommt mit mir in den Garten!

In meiner monatlichen Gartenpost findet Ihr jeweils einige saisonale Tipps, aber auch neue Produkte aus meinem Shop und andere Inspirationen aus der grünen Community. Anmelden könnt Ihr Euch kostenlos: www.hauptstadtgarten.de/gartenpost

Bei Instagram findet Ihr mich unter @hauptstadtgarten und KOSMOS unter @kosmos.garten – Wir würden uns freuen, wenn Ihr uns mit dem Hashtag #abenteuergarten an Eurer grünen Reise teilhaben lasst. Markiert uns einfach, wenn Ihr ein Bild postet – dann verpassen wir auch nichts von Eurem „Abenteuer Garten“.

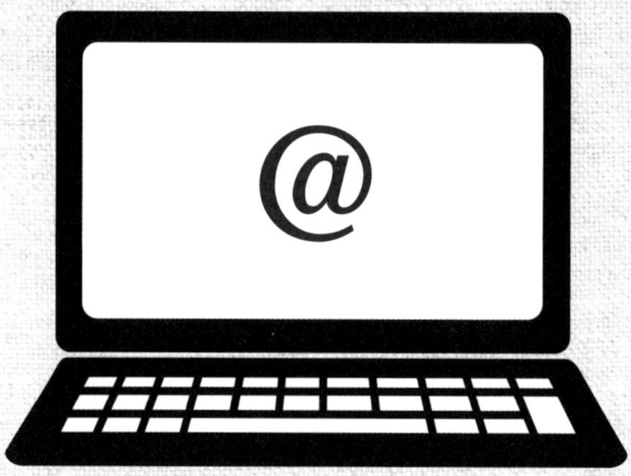

BILDNACHWEIS

256 Farbfotos wurden von Carolin Engwert, Berlin für dieses Buch aufgenommen.
Weitere Farbfotos von Bonnie Engwert, S. 19 re, 42, 48, 51 li, 60 ore, 69 u, 110 oli, 147 ore; Shutterstock/Henri Koskinen S.58 ore, /Pavel Abramov S. 58 ure

IMPRESSUM

Umschlaggestaltung von Claudia Eder – Konzept und Gestaltung – Pocking. Alle Fotos stammen von Carolin Engwert.

Alle Angaben in diesem Buch sind sorgfältig geprüft und geben den neuesten Wissensstand bei der Veröffentlichung wieder. Da sich das Wissen aber laufend in rascher Folge weiterentwickelt und vergrößert, muss jeder Anwender prüfen, ob die Angaben nicht durch neuere Erkenntnisse überholt sind. Dazu muss er zum Beispiel Beipackzettel zu Dünge-, Pflanzenschutz- bzw. Pflanzenpflegemitteln lesen und genau befolgen sowie Gebrauchsanweisungen und Gesetze beachten. Die Blütenfarben sind sortenabhängig, daher können auch Farben auf dem Markt sein, die im Buch nicht genannt werden. Die Blütezeiten sind ebenfalls sortenabhängig, aber auch klima- und standortabhängig. Die angegebenen Wuchshöhen und -breiten der Pflanzen sind Mittelwerte. Sie können je nach Nährstoffgehalt des Bodens variieren. Verschiedene Sorten können deutlich größer oder auch kleiner wachsen als die Art.

Unser gesamtes Programm finden Sie unter **kosmos.de**.
Über Neuigkeiten informieren Sie regelmäßig unsere Newsletter, einfach anmelden unter **kosmos.de/newsletter**

FSC www.fsc.org
MIX
Papier aus verantwortungsvollen Quellen
FSC® C084279

Gedruckt auf chlorfrei gebleichtem Papier

ISBN 978-3-440-16412-9
Projektleitung: Birgit Grimm
Redaktion und Bildredaktion: Birgit Grimm
Gestaltungskonzept: GRAMISCI Editorialdesign, München
Gestaltung und Satz: Katrin Kleinschrot, Stuttgart
Produktion: Klaus Jost
Druck und Bindung: Print Consult GmbH, München
Printed in Slovakia / Imprimé en Slovaquie